COZINHA VEGANA
para o dia a dia

Copyright © 2014 Gabriela Oliveira
Copyright desta edição © 2016 Alaúde Editorial Ltda.

Título original: *Cozinha vegetariana para quem quer poupar*

Todos os direitos reservados. Nenhuma parte desta edição pode ser utilizada ou reproduzida – em qualquer meio ou forma, seja mecânico ou eletrônico –, nem apropriada ou estocada em sistema de banco de dados sem a expressa autorização da editora.

O texto deste livro foi fixado conforme o acordo ortográfico vigente no Brasil desde 1º de janeiro de 2009.

EDIÇÃO ORIGINAL: Bertrand Editora, Lda.
Fotografia e produção: Gabriela Oliveira
Fotografia da autora: Raquel Wise
Projeto gráfico: Marta Teixeira

PRODUÇÃO EDITORIAL: Editora Alaúde
Edição: Bia Nunes de Sousa
Preparação: Bóris Fatigati
Revisão: Claudia Vilas Gomes
Adaptação de capa e de projeto gráfico: Cesar Godoy

1ª edição, 2016 (2 reimpressões) / 2ª edição, 2022

Impresso no Brasil

Dados Internacionais de Catalogação na Publicação (CIP)
(Câmara Brasileira do Livro, SP, Brasil)

Oliveira, Gabriela
 Cozinha vegana para o dia a dia / Gabriela Oliveira. -- 2. ed. -- São Paulo : Alaúde Editorial, 2022.

 ISBN 978-65-86049-85-5

 1. Culinária (Receitas) 2. Culinária vegana 3. Veganismo I. Título.

22-110055 CDD-641.5636

Índices para catálogo sistemático:
1. Receitas veganas : Culinária 641.5636
Cibele Maria Dias - Bibliotecária - CRB-8/9427

O conteúdo desta obra, agora publicada pelo Grupo Editorial Alta Books, é o mesmo da edição anterior.

2022
A Editora Alaúde faz parte do Grupo Editorial Alta Books
Avenida Paulista, 1.337, conjunto 11
01311-200 – São Paulo – SP
www.alaude.com.br
blog.alaude.com.br

Aos meus filhos, provadores oficiais!

*Ao meu marido, pelo seu apoio
e incentivo constantes.*

SUMÁRIO

LEITES, MOLHOS E PÃES

Leites, Queijos e Pastas Vegetais
- 23 -

Molhos e Maioneses
- 43 -

Pães, Wraps e Pizzas
- 55 -

ENTRADAS E PRATOS PRINCIPAIS

Folhados, Quiches e Empadas
- 73 -

Hambúrgueres e Croquetes
- 89 -

Hortaliças e Leguminosas
- 107 -

Tofu, Seitan e Soja
- 127 -

Cereais e Acompanhamentos
- 153 -

SOBREMESAS

Bolos, Cupcakes e Muffins
- 171 -

Tortas, Pudins, Musses e Sorvetes
- 191 -

APRESENTAÇÃO

Poupar a vida!
A nossa, a dos animais e a do planeta.

É um prazer ver uma mesa cheia e animada, com refeições saudáveis, completas e apetitosas, gastando pouco e sem perder muito tempo na cozinha. Sou adepta da cozinha vegana saudável, rápida e simples, acessível a todos, independentemente dos conhecimentos ou dotes culinários.

Com meia dúzia de ingredientes e em poucos minutos, podemos aprontar o jantar, adiantar o almoço do dia seguinte ou fazer uma sobremesa especial, sem carne, sem peixe, sem ovos, sem laticínios e até mesmo sem glúten, com muito sabor e com os nutrientes de que necessitamos. Há uma grande diversidade de alimentos que podemos incluir na alimentação diária e adaptar ao nosso regime alimentar, em qualquer idade ou condição física.

Que produtos escolher? Como cozinhá-los? Como fazer leite vegetal, queijo sem lactose ou bife de seitan caseiro? Como fazer bolos e sobremesas sem ovos? Como adaptar pratos tradicionais à cozinha vegana? Como planejar as refeições e reforçar a ingestão de proteínas, cálcio e ferro? Como reduzir os custos e aumentar a qualidade do cardápio? Procurei dar resposta a essas e outras questões, tendo como princípio orientador o uso exclusivo de ingredientes de origem vegetal.

Um número crescente de pessoas está optando pela alimentação vegana. Por motivos de saúde, por razões éticas, ecológicas, religiosas ou pelo prazer de experimentar pratos diferentes, são cada vez mais os que procuram alternativas de vida mais plenas, sem sangue no prato, sem aditivos ou gorduras prejudiciais, cuidando da saúde e do bolso.

Se cada um de nós, pelo menos uma vez por semana, substituir a carne e seus derivados por alimentos naturais de origem vegetal, estará contribuindo para uma vida mais saudável, para a sustentabilidade e para o equilíbrio do planeta. As nossas escolhas têm repercussões econômicas, sociais e ambientais que ultrapassam em muito a esfera individual.

O que comemos influencia o nosso estado de saúde, a forma física, as oscilações de humor ou, até, o modo como nos relacionamos em grupo e com os familiares. Pode ser contraproducente querer implementar, de um dia para o outro, mudanças drásticas na nossa dieta ou no cardápio da família. Mas, quando uma decisão se torna imperativa, a mudança é inevitável. De forma rápida ou gradual, ela vai acabar se concretizando.

Antes de os meus filhos nascerem, eu já não comia carne nem peixe. Hoje, tenho uma grande família vegana que em muito contribui para a minha permanente experimentação gastronômica. Depois de ter escrito o manual *Alimentação Vegetariana para Bebés e Crianças* [título português, ainda não publicado no Brasil], entre outros livros, de ter realizado *workshops* de culinária e de escutar as dúvidas e os desabafos de tantas pessoas sobre a dificuldade em escolher e preparar os alimentos, resolvi pôr à prova algumas receitas nestas páginas.

Espero que gostem e que se sintam inspirados!

Gabriela Oliveira

INTRODUÇÃO
Uma deliciosa aventura na cozinha

A culinária vegana pode ser rica, completa, rápida e de fácil preparo. Pela diversidade de ingredientes e pelas inúmeras possibilidades gastronômicas que oferece, pode ser uma agradável surpresa, mesmo para os mais conservadores e os apreciadores da culinária tradicional. Não há razões para cair na monotonia gastronômica, seja qual for o seu regime alimentar.

Na hora de decidir o que comprar e de planejar as refeições, é natural que se questione sobre o reforço proteico. Estamos habituados a carne ou peixe como o elemento central da refeição e tendemos a procurar alternativas com sabor, textura e aspecto semelhantes. Bife de seitan, tofu, hambúrgueres, empadas ou almôndegas veganas podem ocupar esse lugar. Contudo, há muitas outras formas pelas quais podemos obter os nutrientes de que necessitamos ao longo do dia – em vitaminas, germinados, sopas, saladas, sanduíches, petiscos e sobremesas saudáveis.

Tradição milenar

O vegetarianismo tem uma longa tradição no Oriente, em países como a Índia, a China e o Japão. Um dos seus grandes defensores no Ocidente foi o filósofo e matemático grego Pitágoras (570-490 a.C.), que advogava a abstinência da carne e do peixe e o princípio da não crueldade com os animais.

A ausência de carne não se traduz na falta de proteínas se a alimentação for bem planejada. A ideia de que só com a carne asseguramos a ingestão de proteínas e de ferro está relacionada com um histórico de privações e carências. Durante séculos, tais alimentos eram um privilégio das classes mais abastadas, ficando o povo restrito ao escasso e racionado consumo de cereais, hortaliças, leguminosas e frutas frescas ou secas. O aumento do bem-estar material e a produção pecuária intensiva levaram ao outro extremo: o consumo exagerado de carne, com consequências danosas para a nossa saúde e para o planeta.

É urgente adotar hábitos alimentares saudáveis, e a dieta vegana oferece essa possibilidade, pela riqueza de nutrientes, cores, aromas e sabores. Ela pode permitir, por um lado, reduzir o consumo de gorduras saturadas, produtos refinados, sal e açúcar e, por outro, aumentar o consumo de frutas, vegetais, cereais integrais, leguminosas, frutas secas e sementes. Os benefícios associados ao veganismo são reconhecidos pelas principais associações dietéticas internacionais, que asseguram que as dietas veganas bem planejadas são adequadas em qualquer fase da vida, inclusive durante a gravidez, o aleitamento, a infância e a adolescência, ou para atletas. São opções saudáveis, nutricionalmente adequadas e benéficas para a saúde e que ajudam a prevenir e tratar diversas doenças.

É perfeitamente possível ter uma vida saudável e descomplicada seguindo uma dieta vegana. Com ingredientes básicos, alguns truques e temperos adequados, podem sair das nossas mãos verdadeiras iguarias e sobremesas irresistíveis.

Principais regimes alimentares vegetarianos

Vegetariano (ou ovolactovegetariano): Exclui todos os tipos de carne; consome ovos e laticínios.

Lactovegetariano: Exclui todos os tipos de carne e ovos; consome laticínios.

Ovovegetariano: Exclui todos os tipos de carne e laticínios; consome ovos.

Vegano: Exclui todos os produtos de origem animal (carne, ovos, laticínios, mel etc.); alimentação 100% de origem vegetal.

7 boas razões para escolher refeições veganas

1. **Econômicas.** O custo dos alimentos proteicos vegetarianos é muito inferior ao dos alimentos proteicos de origem animal.
2. **Saudáveis.** Ajudam a prevenir e a combater doenças crônicas e degenerativas. Há uma menor incidência de doenças como obesidade, diabetes tipo 2, hipertensão, males cardíacos e alguns tipos de câncer entre quem segue uma alimentação vegana.
3. **Saborosas.** Educam o paladar para uma maior diversidade de texturas e sabores.
4. **Completas.** A combinação de frutas, vegetais, cereais, leguminosas, oleaginosas, sementes, tofu, tempeh e seitan fornece todos os nutrientes essenciais de que necessitamos nas diferentes etapas da vida.
5. **Adequadas.** Refeições veganas equilibradas e diversificadas são adequadas durante a gravidez, a infância, a adolescência, a vida adulta ou a terceira idade, bem como para atletas.
6. **Ecológicas.** A produção de alimentos de origem vegetal exige menos recursos do planeta e tem um impacto ambiental menor em comparação com a produção de alimentos de origem animal.
7. **Livres de crueldade.** Evitam o aprisionamento, a exploração, o sofrimento e a morte de milhões de animais.

REGRA DE OURO: VARIAR

Diversificar é a chave para uma alimentação equilibrada e bem-sucedida. É importante escolher alimentos diferentes, de preferência frescos, de produção local ou nacional e, se possível, orgânicos e de fornecedores distintos. Ao variarmos os produtos e até mesmo as marcas, estamos ampliando nossas fontes de nutrientes e minimizando o risco de sofrer alguma carência. A forma como combinamos os alimentos é igualmente relevante para que possamos tirar o máximo proveito das refeições.

Você pode incluir no seu cardápio semanal os chamados "alimentos essenciais" da cozinha vegana, ajustando-os às suas preferências, condição física, idade, necessidades calóricas e cuidados especiais de saúde, como é o caso de intolerâncias e alergias alimentares. Não é necessário planejar rigorosamente as refeições, mas quem tem uma alimentação 100% vegana deve ter cuidados adicionais, como a escolha de alimentos enriquecidos em vitamina B12 (uma vitamina rara no reino vegetal).

Dieta vegana?

4 passos para evitar carências nutricionais

- Não se limite a apenas retirar a carne, os ovos, o leite e o queijo da sua alimentação. Você precisa substituir esses alimentos.
- Consuma ao longo do dia várias porções de frutas, legumes, cereais, frutas secas, linhaça, alimentos ricos em vitamina B12, bem como fontes proteicas de origem vegetal, como leguminosas, tofu, tempeh, seitan e outros equivalentes.
- Para potencializar a absorção do ferro presente nos alimentos, consuma junto com eles alimentos ricos em vitamina C (como brócolis, couve-flor, tomate, laranja, mamão) e evite os chamados "inibidores" (álcool, refrigerantes, chá, café e chocolate).
- Procure se informar se você precisa de suplementação nutricional, em particular de vitamina B12, vitamina D e ferro. A deficiência prolongada de tais micronutrientes leva à anemia e enfraquece o sistema imunológico.

ALIMENTOS ESSENCIAIS DA COZINHA VEGANA

Leguminosas: feijão, grão-de-bico, lentilha, fava, ervilha e tremoço são importantes fontes de proteínas, fibras e minerais; devem ser associadas a cereais integrais para se obter proteínas completas.

Cereais: arroz, massas, pães, cuscuz, quinoa, painço, milho, trigo-sarraceno, aveia, centeio, cevada, kamut (trigo virgem), amaranto etc.; devem ser, preferencialmente, integrais.

Oleaginosas, frutas secas e sementes: amêndoas, avelãs, nozes, pignoli, castanhas de caju, amendoim, castanhas portuguesas, goji, goldenberry, frutas desidratadas, bem como sementes de gergelim, de linhaça, de chia, de abóbora, de alfafa ou de girassol, apresentam alto teor proteico e de minerais. Devem ser consumidas com moderação.

Seitan: obtido a partir do glúten de trigo, é também chamado de "carne vegetal"; é isento de colesterol, tem poucas calorias e alto teor proteico.

Tofu: conhecido como "queijo de soja", é uma boa fonte de proteínas, cálcio e vitaminas; pode integrar receitas doces e salgadas.

Tempeh: resulta da fermentação da semente de soja, tem sabor intenso e alto teor proteico.

Soja e derivados: disponível em diferentes formas – em grãos, desidratada e processada, em farinha, leite, iogurte, molhos, missô etc. É a leguminosa com o mais alto teor de proteínas completas.

Legumes e algas: no cardápio diário, devem constar várias porções de hortaliças. As algas marinhas (nori, kombu, wakame, ágar-ágar etc.) podem ser incluídas por serem boas fontes de minerais, em especial iodo, ferro e zinco.

Temperos: shoyu, tamari, missô, gersal e tahine podem substituir o sal; devem ser usados com moderação.

Complementos: levedura de cerveja, gérmen de trigo e linhaça moída podem ser usados na preparação das refeições ou de sucos, iogurtes e vitaminas; outros complementos, como maca peruana, erva de trigo, chlorella e spirulina devem ser usados com moderação.

PROTEÍNAS

De que quantidade de proteínas necessitamos? Depende da idade, do sexo, do peso, da estatura e da prática de atividade física, entre outros fatores. Contudo, é consensual que um adulto não necessita mais do que 0,75 g ou, no máximo, 1 g de proteínas por quilo de peso corporal. Se uma pessoa pesa 60 kg, deverá ingerir cerca de 45 g ou até 60 g de proteínas por dia – quantidades que podem ser asseguradas em uma dieta vegana diversificada.

Podemos obter proteínas completas de origem vegetal por meio de duas formas: optando por alimentos proteicos de alto valor biológico (com boas proporções de todos os aminoácidos essenciais) ou combinando alimentos cujas proteínas se complementam. No primeiro grupo, estão alimentos como tofu, tempeh, soja e seus derivados, aveia, quinoa, gérmen de trigo e levedura de cerveja; no segundo grupo, encontram-se cereais, leguminosas em geral, leites vegetais, sementes e oleaginosas, entre outros, que, misturados entre si, na mesma refeição ou ao longo do dia, podem proporcionar proteínas completas.

A combinação proteica de cereais e leguminosas vem de longa tradição e está presente em muitos pratos de diferentes culturas: arroz com feijão, dhal com arroz, homus com pão, cuscuz com vegetais, tabule etc. Hoje, dispomos de uma multiplicidade de combinações para os vários momentos do dia: leite vegetal com cereais enriquecidos, torradas com pasta de amendoim, hambúrguer de grão-de-bico com pão, bolo de frutas secas, biscoitos de amêndoas, entre outros. São inúmeras as possibilidades, devendo-se escolher as que apresentam teores mais baixos de gorduras e de açúcar.

VITAMINAS E MINERAIS

Uma dieta vegana variada pode igualmente fornecer níveis adequados de ferro e cálcio sem incluir produtos de origem animal. Esses micronutrientes encontram-se em abundância em alimentos como hortaliças, cereais, leguminosas e frutas secas. Quando provém de uma fonte de origem vegetal, o ferro é considerado não heme, uma forma menos absorvível pelo nosso organismo do que o ferro proveniente da carne. Para que a sua absorção seja favorecida, é importante ter em conta os chamados "potencializadores" e "inibidores" do ferro.

O hábito de beber suco natural rico em vitamina C ou de temperar as saladas com suco de limão (ácido cítrico) auxilia a absorção do ferro. Já refrigerantes, álcool, chás (principalmente, chá preto e chá verde), café ou chocolate são considerados inibidores, e, por isso, seu consumo deve ser evitado durante as refeições. Alguns métodos culinários igualmente podem potencializar a absorção dos micronutrientes, como torrar os frutos secos ou germinar as sementes e as leguminosas.

Podemos obter cálcio em diversas fontes vegetais. Existe uma grande variedade de bebidas de origem vegetal, desde o leite de soja às bebidas de arroz, aveia, kamut, espelta, quinoa e amêndoa, entre outras, que podem ser compradas ou preparadas em casa. Muitas dessas bebidas apresentam um teor de cálcio semelhante ao do leite de vaca, com a vantagem de serem isentas de lactose, gorduras saturadas e colesterol. As versões sem açúcar são as mais aconselhadas. Na realidade, o cálcio pode ser obtido em diversos alimentos, como vegetais de folhas verdes (brócolis, couve e folhas de rabanete, de nabo ou de mostarda), ervas aromáticas e algas marinhas; tofu e tempeh; cereais integrais (pão integral, aveia, trigo-sarraceno e quinoa); leguminosas (grão-de-bico, feijão, ervilha, fava e tremoço); frutas secas (em especial, figo e damasco); oleaginosas (amêndoa, avelã e pistache) e sementes (linhaça, gergelim e chia, de preferência trituradas ou germinadas).

O cálcio proveniente de fontes vegetais é bem absorvido pelo nosso organismo (exceto o espinafre, pelo teor elevado de oxalatos). Sal e gorduras em excesso, cafeína e açúcares refinados são fatores que prejudicam a absorção do cálcio. O contrário ocorre com o exercício físico e a exposição solar, que auxiliam a absorção dessa substância. Tais princípios são válidos para qualquer regime alimentar.

As gorduras, sob a forma de ácidos graxos essenciais – em particular, ômega-3 e ômega-6 –, são necessárias ao bom funcionamento do nosso organismo e têm um efeito protetor da saúde. Numa dieta vegana, elas podem ser fornecidas quer pelo azeite e pelos óleos de linhaça e de canola, quer por sementes de linhaça, bagas de goji, nozes ou abacate.

A partir de que idade podem ser servidas refeições veganas? As crianças podem crescer veganas desde o ventre materno e manter uma alimentação isenta de carne, desde que seja assegurada a substituição proteica e haja acompanhamento médico, como é habitual acontecer nas primeiras etapas da vida. Alimentos como o tofu fresco, o feijão-fradinho e a lentilha (de preferência, sem casca), a quinoa, o trigo-sarraceno, o painço, o gérmen de trigo e a linhaça podem enriquecer as sopas e as papinhas ministradas aos bebês a partir dos 9 meses de idade, ou até antes.

COMO SERVIR UMA REFEIÇÃO VEGANA COMPLETA
Assegure pelo menos um item de cada grupo

• Combine leguminosas (feijão, grão-de-bico, lentilha, favas) com cereais integrais (torradas, pão, arroz, massas etc.). • Inclua tofu, seitan, tempeh ou outro substituto proteico (carne vegetal, hambúrguer vegetal, queijo vegetal etc.).	*proteínas* *minerais* *gorduras*
• Escolha um acompanhamento adequado (massa ou arroz integral, aveia, polenta, bulgur, painço, quinoa, milho, batata-doce etc.). • Inclua torradas integrais, pão integral ou pão multigrãos.	*carboidratos* *proteínas* *fibras*
• Sirva legumes cozidos no vapor, grelhados ou salteados (brócolis, abobrinha, couve, alho-poró, berinjela, aspargos etc.). • Prepare uma salada crua colorida (alface, rúcula, tomate, cenoura ralada, beterraba ralada, nabo ralado, brotos etc.).	*vitaminas* *minerais* *fibras*
• Junte uma ou duas frutas ricas em vitamina C (uva, maçã, morango, manga, papaia etc.). • Misture frutas secas inteiras ou picadas (uvas-passas, figos secos, damascos secos etc.) ou oleaginosas (amêndoas, pignoli, nozes, castanha de caju etc.). • Polvilhe com sementes inteiras ou trituradas (gergelim, de girassol, de abóbora etc.).	*vitaminas* *minerais* *proteínas* *gorduras* *fibras*
• Sirva água natural ou suco natural (maçã e beterraba, cenoura e laranja etc.). • Prepare infusões de ervas digestivas. • Sirva café de cereais ou descafeinado.	*vitaminas* *efeito digestivo*

PRINCIPAIS FONTES DE PROTEÍNAS E MINERAIS DE ORIGEM VEGETAL
(nutrientes por 100 g de alimento cozido ou pronto para consumo)

	Proteínas (g)	Ferro (mg)	Cálcio (mg)	Magnésio (mg)
*Proteína texturizada de soja***	58,1	10,7	363	315
*Seitan**	24,0	2,1	50	40
*Tempeh***	18,1	2,1	96	77
*Tofu**	8,3	1,6	130	94
LEGUMINOSAS				
Ervilhas frescas	5,6	1,2	32	19
Ervilhas secas	6,9	1,4	56	32
Favas frescas	6,7	1,0	30	30
Favas secas	7,9	1,6	56	38
Feijão-branco	6,6	2,5	65	47
Feijão-fradinho	8,8	1,9	21	47
Feijão-manteiga	7,8	2,7	50	42
*Feijão-preto***	8,8	2,1	27	70
*Feijão-vermelho***	8,6	2,9	28	80
Grão-de-bico	8,4	2,1	46	39
Lentilhas	9,1	2,3	25	33
Soja em grão	12,5	2,6	82	84
Tremoço	16,4	5,5	45	54
CEREAIS				
*Arroz integral***	2,5	0,4	10	43
Aveia em flocos	13,5	1,3	40	122
*Bulgur***	3,0	0,9	10	32
*Cuscuz***	3,7	0,3	8	8
Massa	3,4	0,5	9	7,0
*Painço***	3,5	0,6	3	44
Pão integral com gergelim	7,7	3,2	92	105
Pão multigrãos	9	1,6	46	36
*Quinoa***	4,4	1,4	17	64
Torrada integral	15,4	3,2	76	145
HORTALIÇAS				
Agrião	3,4	1,7	198	15
Alface	1,8	1,5	70	22
Alho-poró	1,8	1,0	24	11
Aspargos	2,2	0,6	21	16
Batata assada	3,0	0,3	12	21
Batata-doce assada	1,0	0,4	27	16

Berinjela	1,9	0,7	30	24
Brócolis	2,8	1,0	56	12
Coentro	2,4	1,9	98	26
Cogumelos-de-paris	2,4	1,0	8	19
Couve-de-bruxelas	2,9	0,5	20	13
Couve portuguesa	2,1	0,7	71	26
Espinafre	2,6	2,4	104	54
Salsinha	3,1	3,2	200	34
Shitake**	3,4	0,4	2	19
OLEAGINOSAS				
Amêndoa	21,6	4,0	266	259
Amendoim	25,4	2,2	62	182
Avelã	14,0	3,0	249	159
Castanha	3,5	0,9	23	48
Castanha de caju	19,6	5,7	37	250
Nozes	16,7	2,6	90	160
Pignoli	33,2	4,7	54	270
Pistache	18,0	7,0	135	158
FRUTAS SECAS				
Ameixa	2,9	3,0	38	26
Damasco	5,4	5,8	53	51
Figo	2,3	2,6	235	86
Uva-passa	1,8	2,4	49	43
LEITES VEGETAIS				
Leite de aveia**	0,4	0,3	120	7
Leite de arroz**	0,2	0,2	118	11
Leite de soja	3,6	0,6	120	18
SEMENTES				
Abóbora**	18,5	3,3	35	168
Chia**	16,5	7,72	631	335
Gergelim**	17,7	14,5	975	351
Girassol**	19,3	3,8	70	129
Linhaça**	18,2	5,7	255	392
Papoula**	17,9	9,7	1438	347

Fonte: Tabela da Composição de Alimentos, Instituto Nacional de Saúde Dr. Ricardo Jorge, 2006.

* http://www.foodnutritiontable.com
** National Nutrient Database for Standard Reference Release 26, U.S., 2013.

Reforce o consumo de leguminosas	DEMOLHA *(horas)*	TEMP. MED. COZIMENTO *(minutos)*	
		panela comum	panela de pressão
Ervilhas frescas	–	15	–
Ervilhas secas	8-12	60	25-30
Favas frescas	–	15-20	–
Favas secas	8-12	90	25-30
Feijão-branco	8-12	40-50	20
Feijão-fradinho	8-12	45-50	15-20
Feijão-manteiga	12-14	45-60	25-30
Feijão-mungo	8-12	30-45	15
Feijão-preto	8-12	50-60	20
Feijão-rosinha	12-14	45-60	25-30
Feijão-vermelho	8-12	45-50	15-20
Grão-de-bico	8-12	45-50	25-30
Lentilhas inteiras	1-2	15-30	–
Soja em grãos	12-14	120	45-50

A cozinha vegana pode propiciar uma alimentação variada, equilibrada e ajustada às necessidades de cada um, ao longo das diferentes etapas da vida. Seria desejável que em escolas, hotéis e restaurantes em geral fossem oferecidas refeições veganas, saborosas e atrativas – economizando recursos e oferecendo grandes benefícios para o meio ambiente e para a saúde. Que estes sejam tempos de mudança, com a contribuição de todos nós!

MEDIDAS E EQUIVALÊNCIAS

LÍQUIDOS *(Água/leite/óleo/azeite)*

1 xícara = 250 ml	1 colher (sopa) = 15 ml
½ xícara = 125 ml	½ colher (sopa) = 7,5 ml
⅔ de xícara = 166 ml	1 colher (chá) = 5 ml
⅓ de xícara = 83 ml	½ colher (chá) = 2,5 ml

SECOS*

Farinha de trigo
1 xícara = 140 g
1 colher (sopa) = 10 g

Açúcar demerara
1 xícara = 150 g
1 colher (sopa) = 10 g

Farinha de arroz
1 xícara = 150 g
1 colher (sopa) = 11 g

Açúcar mascavo
1 xícara = 175 g
1 colher (sopa) = 10 g

Fubá
1 xícara = 140 g
1 colher (sopa) = 10 g

Coco ralado
1 xícara = 80 g
1 colher (sopa) = 5 g

Amido de milho
1 xícara = 125 g
1 colher (sopa) = 9 g

Fermento químico em pó
1 colher (sopa) = 10 g
½ colher (sopa) = 5 g

Aveia
1 xícara = 90 g
1 colher (sopa) = 5 g

Ágar-ágar
1 colher (sopa) = 4 g
½ colher (sopa) = 2 g

Cacau em pó
1 colher (sopa) = 6 g

Manteiga vegetal
1 colher (sopa) = 14 g

* Consideram-se medidas rasas.

LEITES, MOLHOS E PÃES

Deixar de molho, processar e coar — os três passos básicos para preparar leite vegetal caseiro. Em rigor, é uma bebida vegetal, e não leite, mas vamos chamá-la "leite vegetal" porque substitui perfeitamente os laticínios. Com poucos utensílios e recorrendo a cereais, sementes ou oleaginosas, conseguimos facilmente fazer em casa leite, queijo ou manteiga vegetais, sem lactose, sem açúcar, sem aditivos e sem desperdício ambiental.

Alguns conselhos:

- Experimente diferentes tipos de oleaginosas e sementes para preparar leites vegetais (macadâmia, sementes de abóbora, de linhaça ou outras). Tenha como referência a receita do leite de amêndoas e avelãs: siga o mesmo método e mantenha as proporções. Além de variar o sabor, você consegue uma maior diversidade de nutrientes.

- Deixe os cereais integrais e as oleaginosas de molho durante o tempo recomendado e nunca reaproveite a água em que ficaram de molho. Eles ficam de molho justamente porque nesse processo desprendem os chamados antinutrientes (como os fitatos), que prejudicam a absorção dos nutrientes pelo nosso organismo.

- Evite aquecer os leites vegetais caseiros, pois podem talhar. Se aquecer, não deixe ferver, a não ser que pretenda preparar molhos. Nesse caso, o leite de aveia é o que tem propriedades mais aglutinantes.

- Você pode transformar o leite de aveia ou de arroz em nata ou creme culinário. Basta preparar o leite simples, sem adoçar, misturar 1 ou 2 colheres de sopa de azeite para 1 xícara de leite e bater energicamente com o fouet (batedor de arame).

- Aproveite a polpa que sobra depois de coar os leites vegetais para fazer croquetes e almôndegas ou enriquecer sobremesas.

- Sempre que possível, prefira cereais e oleaginosas de produção nacional e orgânica.

5 min.
Molho: 2h

1 l

Muito fácil

Rico em: fibras, magnésio, manganês, zinco e fósforo

Leite de aveia

1 xícara de flocos de aveia

2 tâmaras (para adoçar, opcional)

3 a 4 xícaras de água mineral

canela em pó a gosto (opcional)

1 pedra de sal marinho

1. Coloque os flocos de aveia e as tâmaras num recipiente com água. Deixe de molho por pelo menos 2 horas.

2. Escorra e descarte a água e coloque a aveia no liquidificador, juntamente com a água mineral, as tâmaras sem caroço, a canela e a pedra de sal. Bata durante 2 minutos na velocidade máxima.

3. Coe o líquido, usando um coador de trama fina. Sirva puro ou adicione 1 colher (sopa) de cacau em pó. Conserve na geladeira por até 3 dias.

Leite de amêndoas e avelãs

5 min.
Molho: 8h

750 ml

Muito fácil

Rico em: proteínas, cálcio, ferro, potássio e magnésio

1. Coloque as amêndoas e as avelãs num recipiente, cubra-as com água e deixe de molho durante 8 a 12 horas. Escorra em uma peneira e enxágue em água corrente.

2. Coloque no liquidificador com 1 xícara de água mineral e bata na velocidade máxima durante 1 minuto. Acrescente as xícaras de água restantes e volte a bater.

3. Coe com um coador, de preferência, de pano. Conserve na geladeira por até 3 dias. Você pode usar apenas amêndoas ou apenas avelãs, misturar cacau ou alfarroba em pó ou adoçar com xarope de agave ou geleia.

½ xícara de amêndoas e avelãs (com pele)

3 xícaras de água mineral

NOTA: Aproveite a polpa que sobra após coar o leite para fazer bolinhas de nozes (p. 101). Acrescentando flocos de aveia, você pode também preparar almôndegas (p. 103).

Leite de arroz

5 min.
Molho: 12h

500 ml

Fácil

Rico em: proteínas, fibras, fósforo e magnésio

1. Coloque o arroz integral num recipiente, cubra-o com água e deixe de molho durante 12 horas (vai duplicar de volume). Escorra a água.

2. Numa panela com tampa, leve o arroz ao fogo com 2 xícaras de água mineral, a pedra de sal e o pau de canela. Desligue o fogo antes de começar a ferver e deixe abafado por 30 minutos.

3. Retire o pau de canela; junte as tâmaras sem caroço e a maçã sem caroço picada. Bata a mistura no liquidificador durante 2 minutos na velocidade máxima. Acrescente a água restante e volte a bater. Coe bem, pressionando o coador com uma colher. Conserve na geladeira por até 3 dias.

½ xícara de arroz integral
4 xícaras de água mineral
1 pedra de sal marinho
1 pau de canela
2 tâmaras (opcional)
1 maçã

NOTA: Você pode usar arroz branco. Nesse caso, basta deixar de molho durante 4 horas. O leite de arroz caseiro é indicado, sobretudo, para papinhas e vitaminas.

Leite de coco

5 min.
Molho: 15 min.

200 ml

Muito fácil

Rico em: proteínas, potássio, ferro e magnésio

½ xícara de coco ralado ou de polpa de coco
1 xícara de água quente

1. Num recipiente, misture o coco e a água quente e deixe descansar durante 15 a 20 minutos, coberto com um pano.

2. Bata no liquidificador na velocidade máxima por 3 minutos.

3. Coe o líquido, pressionando o coador com uma colher. Conserve na geladeira por até 2 dias.

Leite de soja

15 min.
Molho: 12h

2 l

Fácil

Rico em: proteínas, magnésio e vitaminas do complexo B

1. Deixe os grãos de soja de molho em um recipiente com água durante 12 a 14 horas, num local fresco, renovando a água (vai duplicar de volume). Escorra e lave os grãos em água corrente. Remova a maioria das cascas, apertando os grãos entre os dedos.

2. Coloque os grãos já deixados de molho (que terão rendido 2 xícaras) no liquidificador e junte 4 xícaras de água mineral. Bata na velocidade máxima durante 2 minutos.

3. Coloque a mistura numa panela funda e leve ao fogo, mexendo regularmente. Quando o leite começar a ferver, a espuma vai subir até o topo da panela. Despeje de imediato 1 xícara de água e reduza para o fogo baixo. Deixe cozinhar por alguns minutos e repita o processo mais duas vezes: aumente o fogo, deixe a espuma subir e acrescente 1 xícara de água, até usar as xícaras de água restantes – esse processo ajuda a destruir os oxalatos da casca do grão e melhora o sabor.

4. Use um coador grande, de trama fina, e coe o leite para um recipiente. Separe a polpa e reserve.

5. Depois de esfriar, conserve na geladeira, numa garrafa de vidro, por até 3 dias. Para obter um sabor mais suave, você pode diluir o leite juntando um pouco mais de água mineral. Sirva puro ou adoçado com açúcar mascavo, xarope de agave, cacau ou alfarroba em pó.

NOTA: Para ter o máximo de rendimento, forre o coador com um pano fino de algodão e esprema os grãos com as mãos. Você pode usar o leite de soja para fazer tofu (p. 139) e aproveitar a polpa para preparar croquetes (p. 99).

1 xícara de grãos de soja orgânica claros

7 xícaras de água mineral

- 5 min.
- 1-2 porções
- Muito fácil
- Rico em: vitaminas, proteínas e minerais

Vitaminas de frutas

VITAMINA DE MORANGOS

1 xícara de morangos

1 banana

1 pote de iogurte natural de soja

1 colher (sopa) de chia

VITAMINA DE MANGA

1 manga

1 xícara de leite vegetal

1 colher (sopa) de bagas de goji

VITAMINA DE MELÃO

2 fatias de melão

1 xícara de leite vegetal

1 colher (chá) de linhaça

canela a gosto

VITAMINA VERDE

½ xícara de folhas de espinafre (ou rúcula, ou alface)

½ xícara de água (ou suco de laranja)

1 banana

1 maçã

½ colher (chá) de suco de limão-siciliano

½ colher (sopa) de linhaça

1. Descasque as frutas, retire os caroços e corte-as em pedaços.
2. Coloque os ingredientes no liquidificador e bata até ficar cremoso. Consuma de imediato para que não oxide e, assim, se possa tirar o máximo proveito das vitaminas.

NOTA: Você pode variar os sabores, combinando outras frutas, sementes e vegetais, como gergelim, rúcula, agrião, salsinha ou beterraba. Para adoçar, basta acrescentar tâmaras, xarope de agave ou melado.

10 min.

300 g

Fácil

Rico em: cálcio, proteínas e ferro

Tofu cremoso e de corte

2 fatias de tofu fresco (200 g)

1 colher (sopa) de suco de limão-siciliano

1 colher (sopa) de azeite

½ colher (chá) de sal

1 colher (chá) de levedura de cerveja

1 colher (chá) de alho em pó

orégano seco e páprica doce a gosto

½ xícara de água

1 colher (chá) (para o queijo cremoso) ou 1 colher (sopa) (para o queijo firme) de flocos de ágar-ágar

manjericão e orégano seco para servir

1. Corte o tofu em pequenos cubos e coloque no liquidificador. Adicione o suco de limão-siciliano, o azeite, o sal, a levedura de cerveja, o alho em pó, o orégano e a páprica doce. Bata durante 2 minutos, até obter uma pasta. Se necessário, raspe com uma colher e volte a bater.

2. Numa panela pequena, leve a água ao fogo. Quando começar a ferver, adicione os flocos de ágar-ágar. Deixe ferver por 3 minutos, mexendo bem.

3. Transfira a pasta de tofu para a panela, mexendo até obter um creme homogêneo, e deixe ferver por 1 minuto.

4. Use um recipiente retangular (ou duas fôrmas redondas pequenas) como molde do queijo. Umedeça o recipiente com água e escorra. Despeje o creme de tofu, cobrindo bem os cantos, e deixe firmar na geladeira. Desenforme e cubra com manjericão e orégano. Conserve na geladeira por até 5 dias.

NOTA: O queijo cremoso é ideal para passar no pão e em torradas; você pode moldar pequenas bolinhas, cobri-las com ervas aromáticas e servir como aperitivo. O queijo firme, cortado em fatias ou em pequenos cubos, é ótimo para sanduíches e saladas.

Pasta de tofu com tomate e ervas

- 5 min.
- 300 g
- Muito fácil
- Rico em: proteínas, cálcio, ferro, magnésio e vitamina C

1. Pique o tofu. Tire a pele e pique o tomate.
2. Coloque todos os ingredientes no liquidificador e bata até obter uma pasta homogênea. Se necessário, acrescente 1 ou 2 colheres (sopa) de água ou creme vegetal culinário para a mistura ficar mais cremosa.

NOTA: Esta pasta é muito versátil. Você pode substituir o queijo em pizzas e em diversas receitas feitas no forno. Se misturar na frigideira com legumes salteados, obterá um "mexido" de tofu.

200 g de tofu fresco
1 tomate médio maduro
1 dente de alho
2 colheres (sopa) de azeite
½ colher (chá) de sal
½ colher (chá) de suco de limão-siciliano
½ colher (chá) de levedura de cerveja ou ⅓ de colher (chá) de caldo de legumes orgânico em pó
½ colher (chá) de orégano
páprica doce a gosto
cúrcuma a gosto (opcional)
4 folhas de manjericão fresco ou 1 colher (chá) de manjericão em pó

- 1 min.
- 25 g
- Muito fácil
- Rico em: proteínas, cálcio, ferro, manganês e ácido fólico

Queijo tipo parmesão

2 colheres (sopa) de amêndoas moídas ou castanhas de caju sem sal moídas

2 colheres (sopa) de pão integral ralado

1 colher (sopa) de levedura de cerveja

¼ de colher (chá) de alho em pó

1. Misture os ingredientes num recipiente. Use para polvilhar, por exemplo, pratos preparados ao forno. Você pode duplicar a receita e guardar num frasco com tampa. Não é necessário conservar na geladeira.

NOTA: Este "queijo" confere uma textura crocante e um sabor mais intenso aos pratos.

Queijo tipo mozarela

5 min.
100 g
Fácil
Rico em: proteínas, cálcio e ferro

1. Numa panela pequena antiaderente, dissolva a fécula de batata e o polvilho azedo no leite frio.

2. Junte o creme vegetal, a margarina e o sal e cozinhe em fogo baixo, mexendo sempre, até engrossar e formar uma pasta que se solte do fundo. Retire do fogo e acrescente o iogurte, mexendo vigorosamente para incorporar. Leve de novo ao fogo por mais 1 minuto, já moldando a massa no formato pretendido.

3. Coloque a massa num recipiente redondo de vidro untado com um fio de azeite. Deixe esfriar e leve à geladeira por, pelo menos, 2 horas, para ficar firme. Conserve na geladeira por até 3 dias. Pode ser usado em pratos assados, devendo ser cortado em fatias finas para derreter.

NOTA: É essencial usar leite e iogurte sem açúcar para fazer o queijo. Você pode variar e preparar um queijo rápido de oleaginosas: substitua o polvilho azedo por 1 colher (sopa) de amêndoas moídas, 1 colher (sopa) de nozes picadas e uma pitada de alho em pó, e reduza o iogurte pela metade.

Adaptação da receita cedida por Maria Cristina Zanuso (papovegano.blogspot.pt).

2 colheres (sopa) de fécula de batata
½ colher (sopa) de polvilho azedo
6 colheres (sopa) de leite de soja sem açúcar
1 colher (sopa) de creme vegetal culinário
1 colher (sopa) de margarina
¼ de colher (chá) de sal marinho
2 colheres (sopa) de iogurte de soja natural sem açúcar
azeite para untar

15 min.
Molho: 12h

 350 g

Fácil

Rico em:
proteínas, fibras, magnésio, zinco, potássio e cálcio

Queijo de amêndoas e avelãs com pimenta

½ xícara (chá) de amêndoas e avelãs inteiras

½ colher (chá) de sal

½ colher (chá) de levedura de cerveja

½ colher (chá) de alho em pó

½ colher (chá) de manjericão em pó

1 xícara de água

1 colher (sopa) de ágar-ágar em flocos

1 colher (sopa) de azeite

1 colher (sopa) de suco de limão-siciliano

pimenta-do-reino a gosto

1. Deixe as amêndoas e as avelãs num recipiente com água por, no mínimo, 12 horas. Escorra e enxágue.

2. Leve uma frigideira ao fogo e toste as amêndoas e as avelãs por 2 ou 3 minutos, para que sequem e seja mais fácil retirar algumas cascas. Se preferir, use o forno para essa tarefa: coloque as avelãs e as amêndoas numa assadeira e deixe durante 15 minutos em forno alto.

3. Esfregue as amêndoas e as avelãs entre as mãos, com um pano, para soltar as cascas.

4. Bata as avelãs e as amêndoas no liquidificador durante 1 minuto. Adicione o sal, a levedura de cerveja, o alho e o manjericão e bata na velocidade máxima por 2 minutos, até obter um pó granuloso.

4. Numa panela pequena, leve a água ao fogo. Quando levantar fervura, adicione os flocos de ágar-ágar. Deixe ferver durante 3 minutos, mexendo bem, e depois desligue o fogo.

5. Transfira a mistura de amêndoas e avelãs para a panela. Adicione o azeite, o suco de limão-siciliano e a pimenta, e incorpore-os à mistura.

6. Transfira a mistura para um recipiente (você pode usar uma caneca, para que o queijo fique com a forma de rolo), umedecendo-o com água antes de colocar a mistura, para facilitar quando desenformar. Deixe esfriar completamente e, com a ajuda de uma faca, desenforme com cuidado. Conserve na geladeira por até 7 dias.

NOTA: Este queijo derrete quando aquecido. Pode ser consumido cru, em sanduíches e saladas, ou integrar vários pratos assados.

Pasta de amêndoas

⏱ 15 min.
⚛ 130 g
🍴 Fácil
⭐ Rico em: proteínas, cálcio, magnésio, fósforo, zinco e vitaminas E e B1

1. Coloque as amêndoas no processador de alimentos e bata para começar a quebrá-las. Repita o processo durante 15 minutos, raspando as paredes do processador com uma espátula sempre que necessário. Você obterá, primeiramente, um pó fino. Em seguida, à medida que se soltar o óleo, obterá uma pasta granulosa. Ao final, terá um creme aveludado.
2. Coloque a pasta de amêndoas num frasco com tampa, previamente esterilizado, e conserve na geladeira.

NOTA: Esta pasta é ideal para passar em torradas e sanduíches. Para adoçar, basta misturar 1 colher (sopa) de xarope de agave ou de melado.

1 xícara de amêndoas com pele

O processo é muito simples: requer apenas um punhado de amêndoas, um processador de alimentos e uma pitada de paciência!

⏱ 15 min.
⚛ 200 g
🍴 Fácil
⭐ Rico em: cálcio, gorduras monoinsaturadas, proteínas e ômega-6

Pasta de gergelim (tahine)

1½ xícara de gergelim
1 pedra de sal marinho
1 colher (sopa) de azeite ou óleo de gergelim (opcional)

1. Toste as sementes de gergelim numa frigideira em fogo baixo durante cerca de 5 minutos, até ficarem douradas.
2. Transfira as sementes para o processador de alimentos e triture. Raspe as paredes do processador com uma espátula e volte a bater. Ao fim de 10 minutos, você obterá uma pasta. A essa altura, adicione o sal e o azeite e bata por mais 1 minuto.
3. Guarde num frasco com tampa, previamente esterilizado, e conserve na geladeira. A pasta pode ser usada para passar no pão e em várias receitas.

Para que comprar pronto se podemos fazer em casa mais saboroso, mais saudável e mais barato, sem o risco de ingerir conservantes, aromatizantes, realçadores de sabor ou outros aditivos industriais? Usando apenas ingredientes frescos e alguns condimentos, os molhos e as maioneses podem dar um toque especial às refeições e constituir mais uma fonte de nutrientes.

Alguns conselhos:

- Evite o uso de vinagre e opte por suco de limão-siciliano para integrar receitas ou temperar saladas. O limão-siciliano tem propriedades mineralizantes, alcalinizantes e depurativas, ao contrário do vinagre comum, que dificulta a digestão e impede a correta assimilação dos minerais. Se usar, opte por vinagre de maçã ou vinagre balsâmico de boa qualidade.

- Prefira azeite extra virgem, de primeira prensagem e com baixa acidez, em vez de azeites e óleos refinados. O azeite possui nutrientes importantes, como vitamina E, ômega-3 e outros componentes antioxidantes, que exercem um efeito protetor no nosso organismo.

- Utilize alho fresco ou desidratado nas suas receitas. Além de dar sabor à comida e contribuir para reduzir o consumo de sal, o alho tem nutrientes valiosos e ação anti-inflamatória e antioxidante.

- Reforce o consumo de ervas aromáticas frescas, de preferência recém-colhidas e orgânicas, pelo seu elevado teor de micronutrientes. Ter pequenos vasos com ervas aromáticas na janela da cozinha ou na varanda pode ser uma boa solução.

- Nos molhos e nas maioneses, use sempre leite vegetal sem açúcar, pois o sabor doce compromete o resultado final.

- Aproveite a época do tomate, quando o fruto está maduro, carnudo e suculento, para preparar molho de tomate, que você pode armazenar congelado. Divida em sacos de congelamento ou em pequenos frascos, para tê-lo disponível quando precisar.

Maionese tradicional

5 min.

300 g

Fácil

Rico em: gorduras poli--insaturadas e monoinsaturadas e flavonoides

1. Coloque o leite no liquidificador; junte um pouco de sal, o suco de limão-siciliano e a folha de manjericão.

2. Bata na velocidade máxima, enquanto acrescenta o óleo em fio, lentamente, pela abertura da tampa. Quando atingir uma consistência cremosa, a maionese está pronta (se quiser uma consistência mais firme, junte um pouco mais de óleo). Guarde num frasco de vidro com tampa e conserve na geladeira por até 3 dias.

NOTA: Você pode acrescentar à mistura alho e ervas aromáticas frescas, como salsinha, cebolinha e coentro.

⅓ de xícara de leite de soja sem açúcar
sal a gosto
1 colher (chá) de suco de limão-siciliano
1 folha fresca de manjericão
1 xícara de óleo ou azeite

10 min.

300 g

Fácil

Rico em: gorduras poli--insaturadas, magnésio e flavonoides

Maionese de castanhas

4 castanhas portuguesas assadas (ou castanhas-do-pará cruas)
⅓ de xícara de leite de soja sem açúcar ou água gelada
sal a gosto
1 folha fresca de manjericão
1 xícara de óleo
1 colher (chá) de suco de limão-siciliano
pimenta-do-reino a gosto
coentro e cebolinha picados a gosto

1. Coloque as castanhas no processador e triture durante 1 ou 2 minutos, até obter um pó.

2. No liquidificador, junte o leite, um pouco de sal, as castanhas trituradas e a folha de manjericão.

3. Bata na velocidade máxima, enquanto despeja o óleo em fio, até obter uma textura consistente. Tempere com o suco de limão-siciliano e pimenta-do-reino e adicione o coentro e a cebolinha picados. Use para acompanhar palitos de legumes crus ou para temperar saladas.

Homus de grão-de-bico e abobrinha

- 5 min.
- 4 porções
- Muito fácil
- Rico em: proteínas, cálcio, ferro, magnésio, zinco e fósforo

1. Lave e corte a abobrinha em pedacinhos, sem retirar a casca. Coloque no processador a abobrinha, o azeite e o suco de limão-siciliano, e triture na velocidade máxima. Se necessitar, raspe as paredes do processador com uma espátula e volte a bater.

2. Junte o grão-de-bico, o alho, o sal e a pimenta-de-caiena e bata de novo, até obter uma pasta homogênea. Você pode servir como entrada ou usar para passar em torradas e preparar sanduíches. Guarde num frasco fechado e conserve na geladeira por até 4 dias.

1 abobrinha pequena
2 a 4 colheres (sopa) de azeite
1 colher (chá) de suco de limão-siciliano
1 xícara de grão-de-bico cozido
1 dente de alho pequeno
½ colher (chá) de sal
pimenta-de-caiena a gosto

10 min.

 2 porções

 Muito fácil

 Rico em: cálcio, magnésio, potássio, ômega-3, vitaminas C e E, e ácido fólico

Guacamole

1 abacate maduro

1 colher (chá) de suco de limão-siciliano ou limão-taiti

1 tomate maduro

1 dente de alho picado

½ cebola pequena

1 colher (sopa) de azeite

2 colheres (sopa) de coentro ou cebolinha picados

sal e pimenta-de-caiena a gosto

cominho em pó a gosto (opcional)

1. Corte o abacate no sentido do comprimento e retire o caroço; com o auxílio de uma colher, retire a polpa (se tiver pontos escuros, não use essas partes). Num recipiente, esmague a polpa com um garfo e misture o suco de limão-siciliano.

2. Pique fino o tomate, o alho e a cebola e transfira para o recipiente. Acrescente os ingredientes restantes, acerte o tempero, se necessário, e sirva de imediato.

- 5 min.
- 4 porções
- Muito fácil
- Rico em: vitamina C, ferro, magnésio, cálcio e gorduras monoinsaturadas

Molho pesto

½ maço de manjericão fresco

2 colheres (sopa) de oleaginosas, como amêndoas, castanhas-do-pará ou nozes

½ dente de alho

½ xícara de azeite

sal a gosto

1 colher (sopa) de queijo tipo parmesão (p. 35)

1. Lave o manjericão e separe as folhas e os caules mais macios.
2. Coloque as oleaginosas no processador e triture durante 1 minuto. Você pode tostá-las previamente, se quiser um sabor mais acentuado.
3. Junte o manjericão, o alho, o azeite e um pouco de sal e bata até obter uma pasta úmida. Por fim, misture o parmesão vegetal. Conserve num frasco fechado na geladeira.

NOTA: Você pode usar outras oleaginosas e ervas, como rúcula, salsinha ou coentro, para preparar este típico molho italiano.

Molho de iogurte

- 5 min.
- 2 porções
- Muito fácil
- Rico em: cálcio, proteínas, vitaminas C, E e B6 e ferro

1. Coloque todos os ingredientes num recipiente e misture bem. Acerte o vinagre e o sal a gosto. Você pode acrescentar uma pitada de pimenta-do-reino.

NOTA: Este é um molho leve e fresco, ideal para saladas frias e wraps.

1 iogurte de soja natural sem açúcar

1 colher (chá) de azeite

1 colher (chá) de suco de limão-siciliano ou de limão-taiti

½ dente de alho ralado ou esmagado

1 colher (sopa) de coentro ou salsinha picados

½ colher (chá) de gengibre fresco ralado

¼ de colher (chá) de vinagre balsâmico

sal a gosto

Molho de tomate picante

⏱ 15 min.
👥 4 porções
🍴 Fácil
⭐ Rico em: vitaminas A e B, ácido fólico, ferro, ômega-3 e licopeno

1. Lave, retire a pele e corte os tomates em pedaços pequenos. Pique grosso o alho.
2. Aqueça uma frigideira com um fio de azeite. Junte o tomate e o alho e salteie durante 2 minutos, sem parar de mexer. Acrescente o sal, o louro, o manjericão, o pimentão (se desejar) e a pimenta aberta e sem sementes. Deixe cozinhar em fogo baixo durante 5 a 10 minutos, tampado. Apague o fogo e retire a folha de louro e a pimenta-malagueta.
3. Triture para obter um molho cremoso e, por fim, salpique orégano.

4 tomates maduros
2 dentes de alho
½ colher (chá) de sal
azeite a gosto
1 folha de louro
4 folhas de manjericão
tiras de pimentão (opcional)
1 pimenta-malagueta pequena
orégano a gosto

⏱ 40 min.
👥 600 ml
🍴 Fácil
⭐ Rico em: vitaminas A e B, ácido fólico, ferro, ômega-3 e licopeno

Molho de tomate à italiana

1 kg de tomates maduros
50 g de abóbora (opcional)
3 dentes de alho
azeite a gosto
1 folha de louro
½ colher (chá) de sal
2 cravos-da-índia
4 folhas de manjericão
1 colher (chá) de açúcar mascavo (opcional)
orégano a gosto

1. Lave os tomates, tire a pele e as sementes e pique. Corte a abóbora em cubos. Descasque os alhos e esmague-os
2. Numa panela, despeje um fio de azeite, junte o louro e os dentes de alho e refogue. Acrescente o tomate, a abóbora, o sal, os cravos-da-índia e o manjericão. Deixe refogar tampado, em fogo baixo, por 30 minutos ou até que o tomate se desmanche. Mexa de vez em quando.
3. Retire a folha de louro e os cravos-da-índia e acerte o sal (se achar que está ácido, adicione o açúcar). Desligue o fogo. Triture ou use assim mesmo, polvilhado com orégano. Você pode também preparar uma grande quantidade, guardar em frascos e congelar.

NOTA: Escolha tomates carnudos e bem maduros. Este molho de tomate é excelente para usar em pizzas, massas e pratos assados.

Molho de coco e curry

🕐 10 min.

👥 4 porções

🍴 Fácil

⭐ **Rico em:** proteínas, ferro, potássio, gorduras saturadas e vitamina B6

1. Refogue a cebola no azeite até ficar macia. Junte o alho e mexa durante 1 ou 2 minutos. Adicione o curry, o cúrcuma, o cominho e, se desejar, as sementes de cardamomo esmagadas. Misture bem para que as especiarias libertem os aromas.

2. Junte o leite de coco, o sal e o gengibre. Deixe ferver por 5 minutos, tampado. Para um sabor picante, se desejar, acrescente a pimenta-malagueta, aberta e sem as sementes.

3. Dissolva o amido de milho ou a farinha num pouco de água fria. Adicione ao molho e deixe ferver por mais 2 minutos ou até engrossar. Você pode coar os pedacinhos de cebola, se preferir. Sirva acompanhando vegetais, lentilhas e arroz basmati.

NOTA: Para uma versão rápida do molho, ferva o leite de coco com 1 colher (chá) de curry, ½ colher (chá) de alho em pó, uma pitada de sal e outra de cominho.

½ cebola picada
1 colher (sopa) de azeite
1 dente de alho picado
1 colher (chá) de curry em pó
½ colher (chá) de cúrcuma em pó
½ colher (chá) de cominho
2 sementes de cardamomo (opcional)
2 vidros de leite de coco (400 ml, no total)
½ colher (chá) de sal marinho
1 pedacinho (1 cm) de gengibre fresco ralado ou gengibre em pó a gosto
1 pimenta-malagueta pequena (opcional)
½ colher (sopa) de amido de milho ou de farinha de trigo

15 min.

 4-6 porções

 Fácil

 Rico em: vitamina C, fibras e vitaminas do complexo B

Chutney de maçã e ameixas

4 maçãs grandes
2 ameixas maduras e doces
½ cebola picada
1 colher (sopa) de azeite
3 cravos-da-índia
½ colher (chá) de cúrcuma
1 colher (chá) de canela em pó
1 pau de canela
raspas de 1 e suco de ½ laranja (ou limão-siciliano)
um pedacinho de pimenta-malagueta
1 a 2 colheres (sopa) de açúcar mascavo
1 colher (sopa) de vinagre de ameixa ou de maçã

1. Retire a casca, os caroços e as sementes das maçãs e das ameixas e pique-as.

2. Numa panela, refogue a cebola com o azeite, até ficar macia. Junte os cravos-da-índia, o cúrcuma e a canela em pó e mexa bem para soltar os aromas.

3. Acrescente as frutas picadas e o pau de canela. Adicione a raspa e o suco da laranja (ou do limão-siciliano) e volte a mexer. Tampe e deixe cozinhar em fogo baixo durante cerca de 10 minutos, até a fruta ficar macia e se desmanchar um pouco; se precisar, acrescente 1 ou 2 colheres de água.

4. Acrescente a pimenta-malagueta, o açúcar e o vinagre e deixe ferver por mais 2 minutos. Prove e acerte o tempero. Você pode servir quente para acompanhar a refeição ou usar como compota.

NOTA: Combine as frutas da época, em função das estações do ano. Este molho agridoce da cozinha indiana se conserva durante várias semanas em frascos de vidro esterilizados sem precisar de refrigeração.

É um prazer sentir o cheirinho de pão quente que se espalha pela casa e saborear algo feito por nós mesmos, com ingredientes simples e sem componentes duvidosos. Se os nossos antepassados sempre assaram o pão em casa, por que não havemos nós de o fazer também? Preparar pão, wraps ou pizzas não requer técnicas complexas ou equipamentos especiais e, para algumas receitas, nem o uso do forno é obrigatório.

Alguns conselhos:

- Evite comprar pão fresco com aditivos e conservantes ou pão de longa duração, com uma extensa lista de ingredientes, repleta de siglas industriais. Opte por pão tradicional feito à base de farinha, água e fermento natural. Não deixe de ler os rótulos, pois algumas marcas de pão integral e de farinhas com a mesma designação também contêm aditivos.

- Misture sempre uma parte de farinha de trigo integral ou farinhas de outros cereais, como centeio, milho, arroz, espelta, aveia ou kamut, para garantir maior diversidade de nutrientes.

- Nas receitas sem glúten, use igualmente fermento sem glúten.

- Inclua sementes inteiras ou moídas na preparação das receitas, como linhaça, abóbora, girassol, gergelim ou chia. As sementes são boas fontes de fibras, vitaminas, sais minerais, proteínas e antioxidantes. Podem também ser demolhadas e germinadas para potencializar os nutrientes e o seu efeito preventivo no organismo.

- Experimente fazer pão tipo chapati ou tortilha na frigideira. Você vai se surpreender por ser tão rápido e saboroso.

- Ensine as crianças a fazer o próprio pão ou a base para a pizza. Elas adoram a experiência de misturar, amassar e modelar a farinha, além de poder se deliciar com o pão recém-saído do forno.

- É fácil fazer panquecas e crepes sem ovos se adicionarmos sementes moídas ou as triturarmos ao preparar a massa. Pignoli, amêndoas ou nozes também podem conferir o mesmo efeito.

- Pães, wraps ou panquecas podem ser congelados depois de prontos. Se sobrar, guarde para aqueles dias em que não vai ter tempo para cozinhar.

Pãezinhos de cereais

35 min.
+ descanso: 30 min.

8 un.

Médio

Rico em: proteínas, fibras, cálcio e ferro

1 ½ xícara (chá) de farinha de trigo sem fermento

1 xícara (chá) de farinha de trigo integral

3 colheres (sopa) de farinha de centeio

3 colheres (sopa) de fubá

2 colheres (sopa) de flocos de aveia finos

1 colher (sopa) de linhaça moída

20 g de fermento biológico fresco ou 10 g de fermento biológico seco

1 xícara de água morna

1 colher (chá) cheia de sal

1 colher (sopa) de azeite, mais um pouco para pincelar

flocos de aveia, gergelim, linhaça e sementes de abóbora para cobrir

1. Num recipiente grande, misture as farinhas, o fubá, os flocos de aveia, a linhaça e o fermento esfarelado. Num recipiente pequeno, coloque a água morna, dissolva bem o sal e junte o azeite. Faça uma cova no centro das farinhas e despeje a mistura líquida, mexendo bem para incorporar os ingredientes.

2. Enfarinhe os dedos e amasse, puxando a massa das pontas para o centro, até formar uma bola macia e elástica. Se precisar, adicione mais um pouco de farinha para não grudar. Com uma faca, corte a massa em 8 partes iguais e modele bolinhas com as mãos umedecidas em azeite.

3. Transfira as bolinhas de massa para uma assadeira forrada com papel-manteiga. Pincele-as com azeite e polvilhe flocos de aveia e sementes por cima.

4. Aqueça o forno por 2 minutos a 50 °C e desligue. Coloque a assadeira dentro do forno e deixe os pães crescerem durante 30 minutos ou até duplicarem de volume.

5. Aumente a temperatura para 180 °C e coloque no assoalho do forno um recipiente com água quente, para dar umidade ao pão. Deixe assar durante 20 a 25 minutos. Retire do forno e esfrie os pãezinhos colocando-os sobre uma grelha.

NOTA: Se usar a máquina de fazer pão, programe o ciclo de sova e coloque primeiro a água, o azeite e o sal, e só depois adicione a mistura das farinhas e o fermento. Fica igualmente bem assado na fôrma de bolo inglês.

Focaccia de milho com azeitonas e tomate seco

40 min.
+ descanso: 30 min.

700 g

Médio

Rico em: vitaminas A e C, proteínas, ferro e ômega-3

1. Num recipiente grande, misture o fubá, a farinha, o alho em pó e o fermento esfarelado. Num recipiente pequeno, coloque a água morna, dissolva bem o sal e junte o azeite. Faça uma cova no centro dos ingredientes secos e despeje o líquido, mexendo bem para incorporar os ingredientes.

2. Enfarinhe os dedos e amasse, puxando a massa das pontas para o centro, até formar uma bola macia e elástica. Se precisar, adicione mais um pouco de farinha para não grudar.

3. Unte uma assadeira retangular ou forre com papel-manteiga. Transfira a massa e estique para cobrir o fundo e os cantos da assadeira.

4. Aqueça o forno por 2 minutos a 50 °C e desligue. Coloque a assadeira dentro do forno e deixe o pão crescer durante 30 minutos ou até duplicar de volume. Sem retirar a assadeira do forno, distribua as azeitonas (descaroçadas) e o tomate seco, pressionando com os dedos para que afundem e façam pequenas covas na massa. Pincele com azeite e espalhe por cima as folhinhas de alecrim.

5. Aqueça o forno a 180°C e deixe assar por cerca de 30 minutos. Sirva a focaccia ainda morna.

NOTA: Você pode preparar a receita sem glúten, substituindo a farinha de trigo por um preparado de farinhas sem glúten.

1 xícara de fubá

1 ½ xícara de farinha de trigo sem fermento

½ colher (chá) de alho em pó (opcional)

25 g de fermento biológico fresco ou 10 g de fermento biológico seco

1 xícara de água morna

1 colher (chá) cheia de sal

3 colheres (sopa) de azeite, mais um pouco para pincelar

2 colheres (sopa) de azeitonas pretas

1 colher (sopa) de tomate seco picado

1 raminho de alecrim

- 25 min.
- 8 un.
- Médio
- Rico em: proteínas e fibras

Chapati integral

1 xícara de farinha de trigo sem fermento

1 xícara de farinha de trigo integral

2 colheres (sopa) de óleo

¾ de xícara de água morna

COM SEMENTES:

1 colher (sopa) de linhaça

1 colher (sopa) de cominho em grãos ou gergelim

1. Coloque as farinhas num recipiente; adicione o óleo e mexa com uma colher.

2. Junte a água morna e misture rapidamente até formar uma bola que se solte da tigela. A massa deve ficar macia e maleável (se necessário, salpique algumas gotas de óleo). Deixe repousar durante 5 minutos.

3. Com uma faca, divida a massa em 8 porções iguais. Modele pequenas bolas e achate. Numa superfície enfarinhada, estenda uma de cada vez com o rolo, em forma de disco, bem fino. Polvilhe as sementes (se desejar) e pressione com o rolo.

4. Aqueça uma chapa ou uma frigideira antiaderente, em fogo médio, sem adicionar gordura. Coloque um disco de massa e asse durante 1 minuto de cada lado; a massa vai estufar e ganhar pequenos pontos escuros. Repita o processo até terminar a massa. Para que os chapatis se mantenham quentes, você deve empilhá-los e cobri-los com um pano. Sirva quentes, com margarina.

NOTA: Este pão tradicional indiano não leva sal. Se preferir, dissolva uma pitada de sal na água morna quando preparar a massa. Você pode aquecer o chapati na torradeira e saborear com compotas ou chutney.

Wraps

25 min.
+ descanso: 30 min.

8 un.

Médio

Rico em: proteínas e fibras

MASSA:

1½ xícara de farinha de trigo

½ xícara de fubá ou farinha de trigo integral

2 colheres (sopa) de margarina

½ colher (chá) cheia de sal marinho

¾ de xícara de água morna

RECHEIO:

folhas de rúcula, milho, tomate, pepino, cenoura, beterraba, queijo vegetal e maionese

1. Misture as farinhas num recipiente grande; adicione a margarina e misture bem com as mãos, por 1 ou 2 minutos.

2. Dissolva bem o sal na água morna; despeje sobre as farinhas e misture rapidamente formando uma bola que se desgrude da tigela. É importante que a massa fique macia e maleável (se for preciso, acrescente um pouco de farinha). Deixe repousar coberta com um pano por pelo menos 30 minutos.

3. Com uma faca, divida a massa em 8 porções iguais. Modele pequenas bolas e achate. Estenda uma de cada vez com o rolo, em forma de disco, bem fino, numa superfície enfarinhada.

4. Aqueça uma frigideira antiaderente em fogo médio, sem adicionar gordura. Coloque um disco de massa e asse por 1 minuto de cada lado; a massa vai estufar e ganhar pequenos pontos escuros. Repita o processo até terminar a massa. Empilhe os wraps e cubra-os com um pano para que não sequem e se mantenham maleáveis para enrolar. Recheie, por exemplo, com rúcula, milho, tomate, pepino, cenoura, beterraba, queijo vegetal e maionese. Enrole e sirva inteiros ou cortados ao meio.

NOTA: Para preparar wraps verdes, basta bater folhas de espinafre ou de rúcula e misturar na água morna. Os wraps podem ser congelados sem recheio, empilhados e separados por um pedaço de papel-manteiga ou de filme de PVC.

- 20 min.
  + descanso: 30 min.
- 3-4 un.
- Médio
- Rico em: proteínas e fibras

Massa integral de pizza

2 xícaras de farinha de trigo sem fermento

1 xícara de farinha de trigo integral

20 g de fermento biológico fresco

1 xícara de água morna

1 colher (chá) de sal marinho

2 colheres (sopa) de azeite

1. Num recipiente, misture as farinhas e o fermento esfarelado. Em outro recipiente, coloque a água morna, dissolva o sal e junte o azeite. Despeje sobre as farinhas e mexa. Enfarinhe os dedos e amasse, puxando a massa das pontas para o centro até ficar homogênea. Tampe e deixe crescer entre 30 e 60 minutos, dentro do forno.

2. Numa bancada enfarinhada, divida a massa em 3 ou 4 partes. Modele pequenas bolas e achate-as em forma de discos. Transfira para uma assadeira forrada com papel-manteiga e fure levemente com um garfo.

3. Leve ao forno preaquecido a 180 °C por 10 minutos. Retire os discos de massa do forno e recheie-os, ou deixe esfriar e congele-os, para usar em outro momento.

Pizza mediterrânea

- 15 min.
- 1-2 porções
- Fácil
- Rico em: proteínas, cálcio e ferro

1. Coloque em uma assadeira a base de pizza. Espalhe sobre a base um fio de azeite, o molho de tomate e, por cima, a pasta de tofu.

2. Corte os cogumelos em lâminas, corte os tomates ao meio e descaroce as azeitonas. Distribua-os sobre o tofu, juntamente com as tiras de pimentão e os pedaços de linguiça. Salpique orégano em pó.

3. Leve ao forno preaquecido a 200 °C por cerca de 10 minutos ou até gratinar. Junte as folhas de rúcula antes de servir.

1 base de pizza assada (acima)

azeite a gosto

3 colheres (sopa) de molho de tomate à italiana (p. 50)

3 colheres (sopa) de pasta de tofu com tomate e ervas (p. 34)

2 cogumelos, 4 tomates-cereja, 4 azeitonas, pimentão em tiras e linguiça vegetal em pedaços

orégano em pó e folhas de rúcula a gosto

20 min.
 1-2 porções
 Fácil
 Rico em: proteínas, cálcio, ferro e vitamina C

Calzone agridoce

MASSA:

1 base de pizza crua (p. 65)

RECHEIO:

1 colher (sopa) de molho de tomate à italiana (p. 50)

2 colheres (sopa) de pasta de tofu com tomate e ervas (p. 34) ou queijo vegetal

1 xícara de rúcula picada

½ xícara de sobras de seitan cozido e picado ou cogumelos salteados

2 colheres (sopa) de milho em conserva escorrido

½ maçã cortada em fatias finas

½ banana cortada em rodelas

pedacinhos de manga (opcional)

orégano em pó e gergelim para polvilhar

azeite para pincelar

1. Coloque a base de pizza sobre um pedaço de papel-manteiga. Despeje o molho de tomate no centro da massa e espalhe, deixando livre uma margem de 1 a 2 cm em toda a volta. Espalhe também a pasta de tofu.

2. Distribua sobre metade da massa os demais ingredientes do recheio: a rúcula, o seitan, o milho, a maçã, a banana e alguns pedacinhos de manga. Polvilhe orégano e gergelim.

3. Dobre o calzone, puxando cuidadosamente metade da massa sobre o recheio. Sele as pontas com um garfo ou faça um rebordo dobrando a massa com a ponta dos dedos (deve ficar bem fechado para que o molho não derrame). Transfira o calzone com a folha de papel-manteiga para uma assadeira. Pincele com azeite e, se quiser, polvilhe mais orégano e gergelim.

4. Asse em forno preaquecido a 200 °C durante 10 a 15 minutos ou até dourar. Sirva acompanhado de uma boa salada.

- 30 min.
- 12 un.
- Fácil
- Rico em: proteínas, fibras, cálcio e ferro

Panquecas de banana e Panquecas de espinafre (sem glúten)

PANQUECAS DE BANANA:

1 banana grande madura

1 colher (sopa) de margarina

1 xícara de leite de soja

½ xícara de farinha de espelta

½ xícara de flocos de aveia finos

1 colher (sopa) de linhaça

½ colher (chá) de fermento químico em pó

½ colher (chá) de canela

uma pitada de sal

azeite para untar

iogurte vegetal natural ou xarope de agave e frutas vermelhas para servir

PANQUECAS DE ESPINAFRE:

1 colher (sopa) de espinafre cozido

1 xícara de água

1 xícara de farinha de grão--de-bico

3 colheres (sopa) de amido de milho

1 colher (sopa) de azeite, mais um pouco para untar

½ colher (chá) de suco de limão-siciliano

½ colher (chá) de sal marinho

½ colher (chá) de fermento químico em pó

alho em pó, páprica doce e sal a gosto

espinafre, alho, creme vegetal culinário e nozes para servir

1. Coloque no liquidificador os ingredientes das panquecas escolhidas e bata até obter uma massa consistente; deixe repousar por 10 minutos.

2. Aqueça em fogo médio uma frigideira untada com azeite. Despeje 2 colheradas de massa e alise com as costas da colher, em movimentos circulares. Deixe fritar por 1 minuto de cada lado, até dourar, virando com uma espátula; repita até terminar a massa.

PARA AS PANQUECAS DE BANANA:

3. Sirva com iogurte ou com uma calda quente: leve ao fogo 2 colheres (sopa) de xarope de agave e junte frutas vermelhas; deixe ferver por 2 minutos e sirva).

PARA AS PANQUECAS DE ESPINAFRE:

4. Faça um creme rápido de espinafre para acompanhar: unte uma frigideira com um fio de azeite e salteie com 1 dente de alho picado e o espinafre picado; junte o creme vegetal e os pedacinhos de nozes. Tempere com sal e deixe ferver durante 1 a 2 minutos. Sirva com as panquecas quentes.

ENTRADAS E PRATOS PRINCIPAIS

Quem resiste a uma boa fatia de quiche ou a um folhadinho crocante? Adequados para o tempo frio ou quente, para ocasiões especiais ou refeições rápidas, os folhados, as quiches e as empadas são muito versáteis e atraentes. O tempo que se gasta na sua preparação é largamente compensado — porque rende quase sempre uma quantidade generosa e é um prazer saborear algo feito por nós desde o começo, com todo o carinho.

Alguns conselhos:

- Use a massa folhada com moderação, devido ao elevado teor de gordura.

- Na preparação da massa caseira das quiches e empadas (com glúten), você pode misturar outras farinhas que tenha na despensa, além das sugeridas, como farinha de centeio ou de espelta. Preste atenção às proporções e mantenha a farinha de trigo como base, já que confere mais elasticidade e torna a massa mais fácil de trabalhar.

- A massa das quiches sem glúten é menos elástica, daí ser necessário misturar vários tipos de farinhas. A linhaça dourada moída, pelas suas propriedades aglutinantes, é fundamental para ligar os ingredientes da massa e melhorar a consistência.

- O azeite pode ser substituído por outro óleo na preparação da massa, reduzindo custos.

- Deixe a massa repousar na geladeira, para que seja mais fácil modelá-la.

- Para o creme das quiches e empadas, é sugerido o uso de creme de soja ou de aveia para uso culinário. Porém, o creme pode ser substituído por leite vegetal sem açúcar (leite de soja, de aveia ou outro). Nesse caso, adicione 1 colher (sopa) de azeite para 1 xícara de leite.

- A linhaça dourada substitui os ovos no recheio das quiches. Sempre que quiser substituir 1 ovo, misture 1 colher (sopa) de linhaça moída com 2 colheres (sopa) de água morna e bata até formar uma goma.

- Para reforçar o teor de proteínas, você poderá adicionar ao creme das quiches 1 colher (sopa) de uma das seguintes opções: gérmen de trigo, levedura de cerveja, farinha de grão-de-bico, farinha de ervilha, farinha de castanha ou farinha de amêndoa.

- Varie os recheios com diferentes vegetais, de acordo com a sua preferência.

- Aproveite para fazer uma grande quantidade de folhados, empadas e empanadas e congelá-los prontos para o consumo.

*Muito práticos
para levar para a escola
ou o trabalho, são
também um tira-gosto
irresistível em qualquer
mesa de festa.*

- 35 min.
- 40 un.
- Fácil
- Rico em: proteínas, magnésio e gorduras poli-insaturadas

Folhados de seitan

MASSA FOLHADA INTEGRAL:

1 ¼ xícara de farinha de trigo

¾ de xícara de farinha de trigo integral

1 colher (chá) de fermento químico em pó

1 colher (chá) de sal marinho

⅔ de xícara de água

⅓ de xícara de azeite ou óleo

RECHEIO:

300 g de seitan fresco

azeite a gosto

1 a 2 colheres (sopa) de shoyu

½ colher (chá) de alho em pó

páprica doce, manjericão ou tomilho secos e pimenta-do-reino a gosto

gergelim e linhaça para polvilhar

1. Prepare a massa. Numa tigela misture as farinhas, o fermento e o sal. À parte, misture a água e o azeite e despeje sobre os ingredientes secos, mexendo rapidamente, até formar uma bola que desprenda das mãos.

2. Abra a massa numa superfície enfarinhada ou sobre papel-manteiga, formando um retângulo comprido e fino. Pegue a parte mais curta da massa, dobre um terço para o centro e novamente por cima do restante da massa. Gire 90° e abra de novo com o rolo; repita esse procedimento mais 3 ou 4 vezes (dobrar, girar e abrir faz com que a massa ganhe camadas e fique folhada); no final, forme um retângulo de massa e deixe repousar por 10 minutos. Se quiser, cubra com papel-manteiga e deixe na geladeira até a hora de usar.

3. Corte o seitan em tiras, com cerca de 1 cm de espessura e 5 ou 6 cm de comprimento. Deite numa frigideira e tempere com um fio de azeite, o molho de soja, o alho em pó, a páprica doce, o manjericão e a pimenta. Leve a saltear cerca de 5 a 10 minutos, mexendo.

4. Desenrole a massa folhada e, com uma faca afiada ou um cortador de pizza, corte tiras com 5 cm de largura. Coloque uma tira de seitan sobre a massa, enrole até envolvê-lo por completo e corte nesse ponto. Com os dedos umedecidos em água, pressione e sele a massa. Repita a operação até a massa acabar.

5. Forre uma assadeira com papel-manteiga e disponha os folhados com a emenda virada para baixo, para que não abram quando estiverem no forno. Pincele os folhados com o molho do cozimento do seitan (ou com água) e polvilhe gergelim e linhaça.

6. Leve ao forno preaquecido a 200 °C por cerca de 15 a 20 minutos, até ficarem dourados. Sirva em seguida ou deixe esfriar sobre uma grelha para que se mantenham crocantes.

NOTA: Os folhados podem ser congelados depois de prontos. Se quiser, faça o seitan em casa (p. 129).

Strudel de vegetais

⏱ 45 min.
🍽 6 porções
🍴 Médio
⭐ Rico em: proteínas, vitamina E, ferro e gorduras poli-insaturadas

1. Prepare a massa conforme os passos 1 e 2 da página 75.
2. Num recipiente, deixe a soja de molho em 1 xícara de água quente por 15 minutos. Escorra e tempere a soja com o shoyu, o suco de limão-siciliano e o alho em pó.
3. Prepare os vegetais. Num ralador, rale a cenoura, a abobrinha (com a casca), a beterraba (sem a casca) e o repolho. Corte os buquês de couve-flor, pique o pimentão e os dentes de alho. Tire a casca e pique o tomate.
4. Numa frigideira com azeite, refogue o alho e o tomate com a folha de louro, em fogo médio, até o tomate ficar macio. Junte a cenoura e a abobrinha e deixe saltear por 2 minutos. Misture a beterraba, o repolho, a couve-flor e o pimentão; tempere com o sal, páprica doce, tomilho, pimenta-de-caiena e o vinho branco. Deixe cozinhar por 5 minutos, mexendo regularmente, e adicione a soja. Salteie por mais 3 minutos e acerte o tempero. À parte, misture o leite com o amido. Despeje na frigideira e mexa durante 1 ou 2 minutos, até encorpar.
5. Desenrole a massa folhada sobre o papel-manteiga. Disponha os vegetais no centro, ao longo do comprimento; dobre a massa de forma a cobrir tudo. Junte as pontas e pressione com os dedos umedecidos para selar a massa. Dobre as extremidades. Vire o rolo ao contrário com cuidado, para evitar que a massa abra quando assar. Pincele azeite ou água e polvilhe gergelim e linhaça.
6. Leve ao forno preaquecido a 200 °C, durante 20 a 25 minutos ou até dourar. Sirva quente, fatiado e regado com um fio de vinagre balsâmico.

NOTA: Em vez de soja, você pode usar seitan ou tofu, que devem ser ralados e salteados com os vegetais.

MASSA:
1 receita de massa folhada (p. 75)

RECHEIO:
½ xícara de proteína de soja
1 colher (sopa) de shoyu
½ colher (sopa) de suco de limão-siciliano
¼ de colher (chá) de alho em pó
1 cenoura
1 abobrinha
1 beterraba pequena
½ repolho
200 g de buquês de couve-flor
pimentão em tiras (opcional)
3 dentes de alho
2 tomates maduros
azeite a gosto
1 folha de louro
½ colher (chá) de sal marinho
páprica doce, tomilho e pimenta-de-caiena a gosto
1 colher (sopa) de vinho branco
½ xícara de leite vegetal
2 colheres (sopa) de amido de milho
sementes para polvilhar
vinagre balsâmico para servir

- 10 min.
- 2 un. (quiches)
- 20 un. (empadas)
- Médio
- Rico em: fibras, carboidratos e proteínas

Massa integral
(para quiches e empadas)

1 ¼ xícara de farinha de trigo com fermento

¾ de xícara de farinha de trigo integral

½ colher (chá) de sal marinho

½ xícara de água

¼ de xícara de azeite

1. Misture num recipiente as farinhas e o sal. Num copo alto, misture a água com o azeite. Faça uma cova no centro das farinhas e adicione o líquido, mexendo rapidamente até formar uma bola que se solte da tigela. Deixe repousar na geladeira durante 5 minutos.

2. Sobre uma superfície enfarinhada, estenda a massa com auxílio de um rolo. Corte na forma pretendida para preparar quiches ou empadas.

NOTA: A bola de massa pode ser congelada para usar mais tarde.

Massa sem glúten (para quiches)

- 15 min.
- 1 un.
- Difícil
- Rico em: proteínas, fibras, carboidratos, ômega-3 e ômega-6

1. Num recipiente grande, misture as farinhas, o fubá, o amido e o sal. À parte, misture a água, o azeite e a linhaça e bata com um fouet até formar uma goma. Faça uma cova no centro das farinhas e despeje o líquido, mexendo para incorporar os ingredientes. Modele com as mãos uma bola de massa compacta e homogênea.

2. Abra a massa com o rolo sobre uma folha de papel-manteiga, em uma bancada. Se a massa romper, junte e pressione com os dedos. Transfira a massa para uma fôrma de fundo removível untada. Faça pequenos furos na base com um garfo.

3. Leve ao forno preaquecido a 180 °C por 5 minutos e, em seguida, complete com o recheio escolhido.

NOTA: Para evitar que a massa rompa, coloque a fôrma ao contrário sobre a massa estendida. Com uma mão debaixo da folha de papel, levante a massa e a fôrma, virando-as ao contrário. Retire o papel (de cima) e ajuste a massa à fôrma.

½ xícara de farinha de arroz

½ xícara de farinha de grão-de-bico

⅓ de xícara de fubá

¼ de xícara de amido de milho

½ colher (chá) de sal

½ xícara de água

⅓ de xícara de azeite

4 colheres (sopa) de linhaça moída

Quiche de espinafre e cogumelos

🕐 45 min.
👥 6 porções
🍽 Difícil
⭐ Rico em: fibras, ferro, magnésio, cálcio, vitamina A e proteínas

1. Prepare a base de acordo com a receita da p. 79. Com um rolo e sobre uma superfície enfarinhada, estenda a massa em forma de disco. Transfira para uma fôrma de torta untada e apare as bordas com uma faca ou tesoura. Fure levemente o fundo com um garfo e leve ao forno preaquecido a 180 °C, por 15 minutos. Retire do forno, sem desenformar.

2. Escalde o espinafre em água fervente durante 1 ou 2 minutos; escorra e reserve. Corte os cogumelos em lâminas. Tire a casca e corte o tomate em pedaços. Fatie fino a cebola e pique o alho.

3. Aqueça uma frigideira grande com um fio de azeite. Salteie o alho picado, a cebola, o tomate e o cogumelo, em fogo médio, por cerca de 5 minutos. Tempere com o sal e a pimenta. Junte o milho, a linguiça cortada em pedacinhos e o espinafre escaldado e picado. Acerte o tempero e desligue o fogo.

4. Prepare o creme, de acordo com a sua preferência: com ou sem glúten. Misture os ingredientes usando um fouet e despeje por cima dos vegetais na frigideira, envolvendo bem.

5. Despeje o recheio sobre a massa já assada. Leve ao forno a 180 °C, durante cerca de 15 minutos ou até a quiche dourar.

NOTA: Em vez de espinafre, você pode usar rúcula fresca. Nesse caso, não é necessário escaldar.

MASSA:
1 base de massa para quiche (p. 79)

RECHEIO:
200 g de espinafre fresco
200 g de cogumelos frescos
1 tomate maduro
½ cebola roxa
2 dentes de alho
azeite a gosto
½ colher (chá) de sal marinho
pimenta-do-reino a gosto
½ xícara de milho em conserva escorrido
1 rodela de linguiça de soja

CREME COM GLÚTEN:
1 caixinha de creme vegetal culinário
½ xícara de farinha de trigo
1 colher (sopa) de linhaça moída
¼ de colher (chá) de sal marinho
alho em pó e cúrcuma a gosto

CREME SEM GLÚTEN:
1 caixinha de creme vegetal culinário
3 colheres (sopa) de farinha de arroz
1 colher (sopa) de fubá
1 colher (sopa) de farinha de grão-de-bico
1 colher (sopa) de linhaça moída
cúrcuma a gosto

Quiche de abobrinha e tomate

⏱ 45 min.

🍽 6 porções

🍴 Difícil

⭐ Rico em: ácido fólico, ferro, vitamina C, proteínas e magnésio

1. Prepare a base de acordo com a receita da p. 79. Com um rolo e sobre uma superfície enfarinhada, abra a massa em forma de disco. Transfira para uma fôrma de torta untada e apare as bordas com uma faca ou tesoura. Fure levemente o fundo com um garfo e leve ao forno preaquecido a 180 °C por 15 minutos. Retire do forno, sem desenformar.

2. Prepare os vegetais. Lave e corte as abobrinhas em rodelas finas. Tire a casca do tomate grande e pique a polpa; corte os tomates pequenos em fatias finas e reserve para decorar a quiche. Corte a cebola em fatias finas e pique o alho.

3. Aqueça uma frigideira grande com um fio de azeite. Salteie o alho e a cebola, até esta ficar translúcida e macia. Junte o tomate picado e o manjericão e deixe cozinhar por mais 2 ou 3 minutos. Misture as abobrinhas e tempere com o sal e a pimenta. Deixe saltear em fogo médio a alto durante cerca de 5 minutos ou até as abobrinhas murcharem. Acerte o tempero e desligue o fogo.

4. Faça o creme: numa tigela, misture os ingredientes e bata durante 1 minuto com um fouet. Despeje o creme na frigideira e incorpore bem.

5. Despeje o recheio sobre a massa já assada e alise; disponha por cima as fatias de tomate reservadas e pressione ligeiramente.

6. Leve ao forno a 180 °C durante cerca de 15 minutos ou até a quiche dourar.

MASSA:

1 base de massa integral (p. 79)

RECHEIO:

2 abobrinhas

3 tomates maduros (1 grande e 2 pequenos)

1 cebola roxa

2 dentes de alho

azeite a gosto

4 folhas de manjericão picadas

½ colher (chá) de sal marinho

pimenta-do-reino a gosto

CREME:

1 caixinha de creme vegetal culinário

½ xícara de farinha de trigo

1 colher (sopa) de farinha de grão-de-bico (opcional)

1 colher (sopa) de linhaça

alho em pó, cúrcuma e sal a gosto

Empadas de tofu com nozes e pignoli

1. Prepare a massa de acordo com a receita da p. 79. Deixe descansar coberta enquanto prepara o recheio.
2. Corte o tofu em pequenos cubos, o alho-poró em rodelas finas e a abobrinha em pedacinhos; rale grosso a cenoura e pique os alhos.
3. Aqueça uma frigideira com um fio de azeite e salteie o alho picado e a cenoura ralada, em fogo médio, por cerca de 1 minuto. Junte o alho-poró e a abobrinha e mexa bem. Acrescente o tofu e tempere com o shoyu ou o sal, o alho em pó, a páprica doce, o tomilho e a pimenta. Deixe cozinhar entre 5 a 10 minutos.
4. À parte, num recipiente, misture os ingredientes do creme com um fouet. Despeje na frigideira sobre os legumes, mexa e desligue o fogo assim que começar a engrossar.
5. Unte 20 forminhas de empada. Estenda a massa com um rolo sobre uma superfície enfarinhada. Coloque uma fôrma virada ao contrário sobre a massa e, com um cortador de pizza, recorte à volta, deixando uma margem de 1 cm. Forre as forminhas com os discos de massa, pressionando para aderir bem. Preencha com 1 colher (sopa) de recheio e despeje por cima nozes picadas e pignoli.
6. Leve ao forno preaquecido a 180 °C por cerca de 20 minutos ou até as empadas dourarem.

MASSA:

1 receita de massa integral (p. 79)

RECHEIO:

2 fatias de tofu (150 g)

2 talos de alho-poró

1 abobrinha

2 cenouras

2 dentes de alho

azeite a gosto

3 colheres (sopa) de shoyu ou ½ colher (chá) de sal

1 colher (chá) de alho em pó

páprica doce, tomilho e pimenta-do-reino a gosto

2 colheres (sopa) de nozes picadas

1 a 2 colheres (sopa) de pignoli

CREME:

1 xícara de leite de soja sem açúcar

4 colheres (sopa) de amido de milho

1 colher (sopa) de linhaça moída (opcional)

- 45 min.
- 16 un.
- Difícil
- Rico em: proteínas, cálcio, ômega-6, fibras e vitamina C

Empanadas de seitan

MASSA:

1 receita de massa integral (p. 79)

RECHEIO:

2 cenouras

200 g de floretes de brócolis

100 g de cogumelos-de-paris

200 g de seitan fresco

2 dentes de alho

azeite a gosto

½ colher (chá) de sal marinho

alho em pó, páprica doce e pimenta-do-reino a gosto

½ caixinha de creme vegetal culinário

1 ou 2 colheres (sopa) de amido de milho

gergelim branco e preto para polvilhar

1. Prepare a massa de acordo com a receita da p. 79. Cubra e deixe descansar enquanto prepara o recheio.

2. Corte as cenouras em 4 partes no sentido do comprimento e depois em rodelas finas. Separe os floretes de brócolis, corte os cogumelos em lâminas, corte o seitan em pedacinhos e pique o alho.

3. Aqueça uma frigideira grande com um fio de azeite e salteie a cenoura e o alho, em fogo médio, por 1 ou 2 minutos. Acrescente o seitan, os brócolis e o cogumelo e regue com mais um fio de azeite. Tempere com o sal, o alho em pó, a páprica doce e a pimenta, deixando cozinhar por cerca de 10 minutos.

4. À parte, num recipiente, misture o creme vegetal com o amido. Despeje sobre os legumes na frigideira e incorpore, para que fique com uma consistência cremosa.

5. Com um rolo, abra a massa sobre uma superfície enfarinhada. Coloque 1 colher (sopa) de recheio sobre a massa estendida, cubra com a outra parte da massa e corte com a ajuda de um copo, em forma de meia-lua (como se fossem rissoles). Sele as extremidades com os dedos ou com um garfo. Pincele com azeite e polvilhe o gergelim.

6. Forre uma assadeira com papel-manteiga e leve as empanadas ao forno preaquecido a 180 °C por cerca de 20 minutos. Você pode servi-las com um fio de vinagre balsâmico.

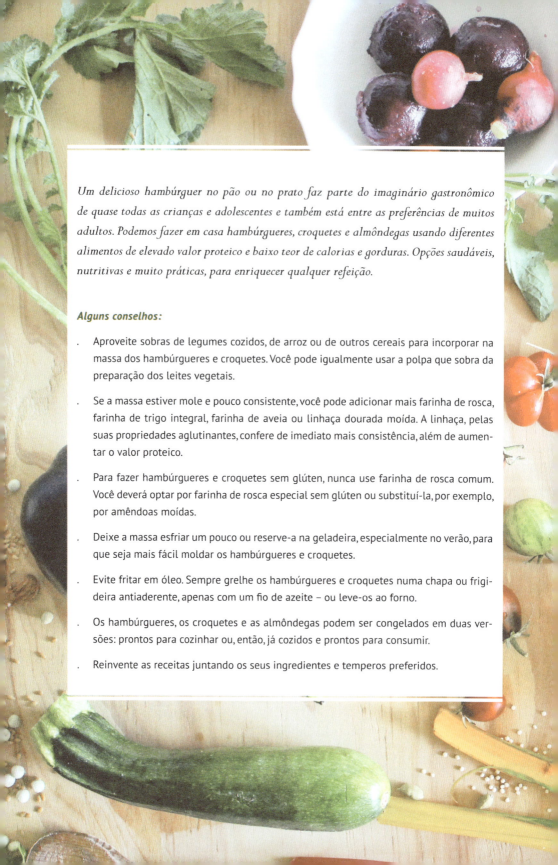

Um delicioso hambúrguer no pão ou no prato faz parte do imaginário gastronômico de quase todas as crianças e adolescentes e também está entre as preferências de muitos adultos. Podemos fazer em casa hambúrgueres, croquetes e almôndegas usando diferentes alimentos de elevado valor proteico e baixo teor de calorias e gorduras. Opções saudáveis, nutritivas e muito práticas, para enriquecer qualquer refeição.

Alguns conselhos:

- Aproveite sobras de legumes cozidos, de arroz ou de outros cereais para incorporar na massa dos hambúrgueres e croquetes. Você pode igualmente usar a polpa que sobra da preparação dos leites vegetais.

- Se a massa estiver mole e pouco consistente, você pode adicionar mais farinha de rosca, farinha de trigo integral, farinha de aveia ou linhaça dourada moída. A linhaça, pelas suas propriedades aglutinantes, confere de imediato mais consistência, além de aumentar o valor proteico.

- Para fazer hambúrgueres e croquetes sem glúten, nunca use farinha de rosca comum. Você deverá optar por farinha de rosca especial sem glúten ou substituí-la, por exemplo, por amêndoas moídas.

- Deixe a massa esfriar um pouco ou reserve-a na geladeira, especialmente no verão, para que seja mais fácil moldar os hambúrgueres e croquetes.

- Evite fritar em óleo. Sempre grelhe os hambúrgueres e croquetes numa chapa ou frigideira antiaderente, apenas com um fio de azeite – ou leve-os ao forno.

- Os hambúrgueres, os croquetes e as almôndegas podem ser congelados em duas versões: prontos para cozinhar ou, então, já cozidos e prontos para consumir.

- Reinvente as receitas juntando os seus ingredientes e temperos preferidos.

Hambúrgueres e Croquetes

• ENTRADAS E PRATOS PRINCIPAIS •

- 30 min.
- 6 un.
- Fácil
- Rico em: proteínas, ferro, magnésio, cálcio e potássio

Hambúrguer de grão-de-bico e batata-doce

1 batata-doce grande cozida (200 g)

2 xícaras de grão-de-bico cozido (400 g)

1 cebola pequena

1 dente de alho

1 ramo de salsinha

azeite a gosto

2 colheres (sopa) de linhaça moída

½ colher (chá) de sal marinho

½ colher (chá) de cominho

½ colher (chá) de páprica doce

pimenta-de-caiena a gosto

4 a 6 colheres (sopa) de farinha de rosca, mais um pouco para empanar

gergelim para empanar

1. Amasse a batata-doce com um garfo e reserve.

2. Escorra bem o grão-de-bico, descarte as cascas soltas e esmague com um garfo ou com um amassador, por cerca de 1 minuto, até obter uma pasta granulosa e espessa.

3. Pique fino a cebola, o alho e a salsinha.

4. Aqueça uma frigideira com um fio de azeite e salteie o alho e a cebola, até esta ficar translúcida e macia. Junte a batata, o grão-de-bico, a linhaça, o sal, a salsinha, o cominho, a páprica doce e a pimenta-de-caiena, envolvendo bem. Cozinhe durante cerca de 3 minutos, sem parar de mexer. Apague o fogo e adicione a farinha de rosca (deve ficar uma massa compacta e maleável).

5. Deixe a massa esfriar e modele os hambúrgueres: separe uma porção da massa, faça uma bola e achate-a. Repita o processo até terminar a massa. Passe os hambúrgueres pela farinha de rosca e pelo gergelim.

6. Aqueça uma frigideira com um fio de azeite e grelhe os hambúrgueres dos dois lados, até dourarem. Se preferir, leve os hambúrgueres ao forno preaquecido a 200 °C por cerca de 15 minutos, na função dourar, se houver. Sirva no prato ou no pão, acompanhado por tomate e alface.

NOTA: Você pode usar esta massa para fazer bolinhos de grão-de-bico. Nesse caso, não adicione farinha de rosca, modele em formato de bolinhos e frite em óleo ou azeite abundante.

- 30 min.
- 6 un.
- Médio
- Rico em: proteínas, magnésio, ferro e potássio

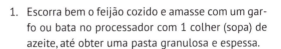

Hambúrguer de feijão e cogumelos

2 xícaras de feijão-vermelho cozido (400 g)

2 colheres (sopa) de azeite, mais um pouco para cozinhar

6 cogumelos-de-paris (200 g)

½ cebola

1 dente de alho

½ colher (chá) de sal marinho

1 colher (sopa) de suco de limão-siciliano

3 colheres (sopa) de coentro picado

½ colher (chá) de cominho

tomilho e pimenta-do-reino a gosto

2 colheres (sopa) de linhaça moída

2 ou 3 colheres (sopa) de farinha de trigo integral ou farinha de rosca

1. Escorra bem o feijão cozido e amasse com um garfo ou bata no processador com 1 colher (sopa) de azeite, até obter uma pasta granulosa e espessa.

2. Lave e pique os cogumelos. Pique fino a cebola e o alho.

3. Numa frigideira com um fio de azeite, salteie o alho e a cebola, até esta ficar translúcida e macia. Acrescente o cogumelo e o sal e deixe cozinhar em fogo médio até murchar. Adicione a pasta de feijão, o suco de limão-siciliano e o coentro picado; tempere com o cominho, o tomilho e a pimenta.

4. Num recipiente pequeno, misture a linhaça com 1 colher (sopa) de azeite. Junte a linhaça na frigideira e misture (a massa deverá ficar compacta). Se necessário, junte a farinha e cozinhe por alguns minutos, em fogo baixo, sem parar de mexer.

5. Deixe esfriar e modele os hambúrgueres: separe porções de massa, forme bolinhas e achate-as. Você pode pincelar os hambúrgueres com azeite ou passá-los por farinha de rosca.

6. Grelhe-os numa frigideira com um fio de azeite, virando cuidadosamente com uma espátula, para que fiquem dourados de ambos os lados. Se preferir, leve os hambúrgueres ao forno preaquecido a 200 °C por cerca de 15 minutos (use a função dourar, se houver).

Hambúrguer de arroz integral

🕐 30 min.

6 un.

Médio

⭐ Rico em: proteínas, fibras, magnésio e ferro

1. Pique muito fino o espinafre cozido e a cebola. Rale a cenoura.

2. Num recipiente, misture bem o arroz integral, as lentilhas cozidas (verdes ou vermelhas, se usar), o espinafre, a cebola, a cenoura, o coentro e a salsinha. Tempere com o shoyu, o suco de limão-siciliano, o azeite, a noz-moscada e a pimenta. Junte a farinha de rosca e misture (deve obter uma massa compacta).

3. Modele os hambúrgueres: separe pequenas porções de massa, forme bolinhas com as mãos e achate-as. Passe os hambúrgueres por flocos de aveia (de preferência, uma mistura de flocos finos e grossos).

4. Leve ao forno preaquecido a 180 °C durante 15 a 20 minutos, para que fiquem crocantes. Como alternativa, você pode grelhá-los numa frigideira com um fio de azeite, virando cuidadosamente com uma espátula, para dourar de ambos os lados. Sirva os hambúrgueres acompanhados por molho de tomate e uma boa salada verde.

2 colheres (sopa) de espinafre cozido

½ cebola pequena

1 cenoura

2 xícaras de arroz integral cozido

½ xícara (chá) de lentilhas cozidas (opcional)

3 colheres (sopa) de coentro e salsinha picados

1 colher (sopa) de shoyu

1 colher (sopa) de suco de limão-siciliano

1 colher (sopa) de azeite, mais um pouco para cozinhar

noz-moscada e pimenta-do--reino a gosto

2 ou 3 colheres (sopa) de farinha de rosca ou farinha de trigo integral

flocos de aveia para empanar

Croquetes de tofu e quinoa

- ⏱ 30 min.
- 🍴 10 un.
- 🍽 Médio
- ⭐ Rico em: proteínas, ferro, cálcio, magnésio, ômega-3 e ômega-6

1. Amasse o tofu com um garfo ou triture no processador, até obter uma pasta. Pique fino o alho. Hidrate o goji berry, pique-o e reserve.

2. Aqueça uma frigideira grande com um fio de azeite e salteie o alho picado por alguns segundos, até começar a dourar. Junte o tofu, tempere com o shoyu e deixe cozinhar durante 2 minutos. Adicione a quinoa, o molho de tomate, o milho e o goji e vá mexendo por cerca de 3 minutos em fogo baixo. Junte a salsinha, a páprica doce e o tomilho; acerte o tempero. Se necessário, adicione o suco de limão-siciliano.

3. Num recipiente, misture a linhaça com a água até formar uma goma. Despeje na frigideira e misture bem; junte a farinha e continue a mexer, até sentir a massa compacta.

4. Deixe esfriar um pouco e modele os croquetes: faça uma bolinha de massa e role sobre a bancada, para que fique cilíndrica; repita até acabar a massa. Passe os croquetes por farinha de amêndoas ou farinha de rosca.

5. Grelhe-os numa frigideira com um fio de azeite. Sirva com um fio de vinagre balsâmico ou um pouco de maionese.

NOTA: Você pode substituir a quinoa por grão-de-bico cozido e amassado.

250 g de tofu fresco
2 dentes de alho
1 colher (sopa) de goji berry
azeite a gosto
3 colheres (sopa) de shoyu
6 colheres (sopa) de quinoa cozida
2 colheres (sopa) de molho de tomate
2 colheres (sopa) de milho em conserva
2 colheres (sopa) de salsinha picada
páprica doce e tomilho a gosto
1 colher (sopa) de suco de limão-siciliano (opcional)
2 colheres (sopa) de linhaça moída
4 colheres (sopa) de água morna
2 ou 3 colheres (sopa) de farinha de trigo integral
farinha de amêndoas ou farinha de rosca para empanar
vinagre balsâmico ou maionese para servir

- 30 min.
- 14 un.
- Médio
- Rico em: proteínas, ferro, fibras, vitamina E, ômega-3 e ômega-6

Croquetes de okara

½ cebola

2 dentes de alho

2 cenouras (200 g)

2 colheres (sopa) de azeite, mais um pouco para cozinhar

2 xícaras de okara (polpa de leite vegetal; ver nota)

½ colher (chá) de sal marinho

2 colheres (sopa) de shoyu

1 colher (sopa) de suco de limão-siciliano

páprica doce, manjericão e pimenta-do-reino a gosto

1 colher (sopa) de salsinha picada

1 colher (sopa) de aipo picado (ou coentro picado)

2 colheres (sopa) de linhaça moída

6 colheres (sopa) de água morna

6 colheres (sopa) de farinha de trigo integral

farinha de rosca ou farinha de amêndoa para empanar

1. Pique bem a cebola e o alho. Rale fino as cenouras.

2. Numa frigideira com um fio de azeite, refogue o alho e a cebola, até esta ficar translúcida e macia. Junte a cenoura ralada e cozinhe em fogo médio, durante 2 minutos. Acrescente a polpa bem escorrida e tempere com o sal, o shoyu, o azeite, o suco de limão-siciliano, a páprica doce, o manjericão e a pimenta. Adicione a salsinha e o aipo. Deixe cozinhar durante 5 minutos, em fogo baixo, mexendo regularmente.

3. Num recipiente, misture a linhaça com a água até formar uma goma. Despeje na frigideira e adicione a farinha; cozinhe por 3 a 5 minutos, sem parar de mexer, até a massa ficar compacta.

4. Depois de esfriar a massa, modele os croquetes: com uma colher, separe pequenas porções de massa, forme bolinhas com as mãos e role-as sobre uma superfície plana, para que fiquem cilíndricas. Passe os croquetes por farinha de rosca ou farinha de amêndoas.

5. Grelhe-os numa frigideira com um fio de azeite, virando-os para que fiquem uniformemente dourados.

NOTA: A okara é a polpa do leite vegetal caseiro (pp. 25-28) depois de coado. O ideal é que tenha sido fervida quando feito o leite e só depois escorrida. Se a polpa estiver muito úmida, reduza a quantidade de água nesta receita.

- 30 min.
- 8 un.
- Fácil
- Rico em: proteínas, cálcio, magnésio, ferro, zinco, fósforo e vitaminas B6 e E

Bolinhas de nozes

100 g de mistura de amêndoas, avelãs e nozes (ou outras oleaginosas da sua preferência)

1 cenoura cozida (100 g)

1 colher (sopa) de azeite

1 colher (sopa) de cebola

1 colher (sopa) de salsinha

½ colher (chá) de sal marinho

½ colher (chá) de levedura de cerveja (opcional)

1 colher (sopa) de linhaça (opcional)

alho em pó e cominho a gosto

2 colheres (sopa) de farinha de rosca, mais um pouco para empanar

1. Triture as oleaginosas no processador durante 1 minuto, até obter uma farinha. Reserve.
2. Coloque no processador a cenoura cozida e o azeite; triture durante 1 minuto, até obter um creme. Pique fino a cebola e a salsinha.
3. Num recipiente, incorpore o creme de cenoura às oleaginosas trituradas. Junte a cebola e a salsinha picadas, o sal, a levedura, a linhaça (se usar), o alho em pó, o cominho e a farinha de rosca; misture bem.
4. Com uma colher, separe pequenas porções de massa e modele bolinhas. Passe-as pela farinha de rosca.
5. Leve ao forno a 200 °C durante 15 a 20 minutos, até dourarem, ou grelhe na frigideira com um fio de azeite. Sirva as bolinhas sozinhas ou acompanhadas com maionese e salpicadas com coentro picado.

NOTA: Você pode usar a polpa do leite de amêndoas e avelãs (p. 25) para preparar estas bolinhas. Nesse caso, aumente a quantidade de farinha de rosca e de condimentos. Receita da amiga Maria de Lourdes Carapelho (universoalimentos.blogspot.pt).

- ⏱ 30 min.
- 🍽 14 un.
- 🍴 Médio
- ⭐ Rico em: proteínas, fibras, zinco, vitaminas do complexo B e ferro

Almôndegas de aveia e cogumelos

2 xícaras de flocos de aveia finos

1 tablete ou sachê de caldo de legumes orgânico

1 cebola grande

3 dentes de alho

100 g de cogumelos frescos

2 colheres (sopa) de coentro picado

azeite, sal marinho, tomilho e pimenta-do-reino a gosto

farinha de grão-de-bico, farinha de rosca ou farinha de amêndoas para empanar

MOLHO DE COGUMELOS:

azeite a gosto

2 dentes de alho

1 cebola picada

200 g de cogumelos frescos

1 caixinha de creme de aveia para uso culinário

1 colher (chá) de suco de limão-siciliano ou vinagre balsâmico

sal e pimenta-do-reino a gosto

coentro para servir

1. Hidrate a aveia em 2 xícaras de água fervente com o caldo de legumes dissolvido, por cerca de 20 minutos, até absorver completamente a água. Pique fino a cebola, o alho e o cogumelo.

2. Aqueça uma frigideira com um fio de azeite e salteie o alho e a cebola até esta ficar transparente e começar a dourar. Junte o cogumelo picado e salteie até murchar; adicione a aveia hidratada e o coentro. Tempere com sal (se necessário), tomilho e pimenta-do-reino. Incorpore bem, deixe cozinhar em fogo baixo durante 5 minutos e apague o fogo.

3. Deixe esfriar um pouco, modele as almôndegas e passe-as pela farinha de grão-de-bico.

4. Leve ao fogo a frigideira com um fio de azeite e salteie as almôndegas para dourarem.

5. Prepare o molho de cogumelos. Numa frigideira com um fio de azeite, salteie o alho e a cebola até esta ficar transparente. Junte o cogumelo laminado e salteie até ficar macio. Reduza o fogo e adicione o creme e o suco de limão-siciliano, deixando ferver por 3 minutos, até engrossar. Tempere com sal e pimenta-do-reino.

6. Sirva as almôndegas com o molho de cogumelos e o coentro picado. Se preferir, sirva com molho de tomate (p. 50) ou molho de coco e curry (p. 52).

Almôndegas de seitan

30 min.
6 un.
Médio
Rico em: proteínas, ferro e vitaminas A e do complexo B

1. Triture o seitan no processador durante 1 minuto. Pique fino, à mão, a linguiça e o alho.
2. Aqueça uma frigideira com um fio de azeite e salteie o alho, por alguns segundos, até começar a dourar. Junte o seitan, tempere com o shoyu, a páprica doce, o cominho e o tomilho e cozinhe durante 5 minutos. Adicione a linguiça, o coentro picado e o suco de limão-siciliano e deixe no fogo por mais 2 minutos, mexendo bem. Acerte o tempero.
3. Num recipiente, misture a linhaça com a água até formar uma goma. Despeje na frigideira e misture; junte a farinha e continue a mexer, até sentir a massa compacta.
4. Deixe esfriar um pouco e modele as almôndegas: com uma colher, separe porções de massa e dê a forma de bolinhas. Passe-as pela farinha de rosca.
5. Leve uma panela ao fogo com o molho de tomate. Adicione as almôndegas e deixe cozinhar durante 3 a 5 minutos. Sirva com o molho, cebolinha picada e folhas de manjericão fresco.

250 g de seitan fresco
2 rodelas de linguiça de soja
2 dentes de alho
azeite a gosto
1 a 2 colheres (sopa) de shoyu
páprica doce, cominho e tomilho a gosto
2 colheres (sopa) de coentro picado
½ colher (sopa) de suco de limão-siciliano
2 colheres (sopa) de linhaça moída
4 colheres (sopa) de água morna
2 ou 3 colheres (sopa) de farinha de trigo integral
farinha de rosca para empanar
½ xícara de molho de tomate (p. 50)
cebolinha e manjericão para servir

Os vegetais são preciosos em vitaminas, e as leguminosas, especificamente, são excelentes fontes de proteínas e minerais. Há séculos o feijão e o grão-de-bico fazem parte de culinárias como a mediterrânea — o melhor de tudo é que são muito fáceis de preparar e têm custo muito reduzido quando comparado com o de outros alimentos proteicos. Só boas razões para incluí-los no seu cardápio semanal.

Alguns conselhos:

- Crie o hábito de preparar refeições com diferentes leguminosas ao longo da semana.
- Opte por cozinhar as leguminosas em casa. Além de ser mais econômico, saudável e ecológico, nada se compara ao sabor do grão-de-bico e do feijão fresquinhos.
- Deixe o feijão ou o grão-de-bico de molho em água abundante, durante o tempo recomendado (tabela na p. 18), renovando a água e escorrendo bem. Nunca aproveite essa água para cozinhar, pois ela contém os fitatos e oxalatos liberados durante o molho, os quais são inibidores da absorção de minerais pelo organismo.
- Coloque uma pequena tira de alga kombu ou um pedacinho de gengibre (sem casca) na panela e cozinhe com pouco sal – a alga e o gengibre aumentam a digestibilidade das leguminosas.
- Para reduzir tempo e custo, congele as leguminosas porcionadas em sacos de congelamento, para tê-las sempre disponíveis para as refeições e para preparar sopas.
- Se comprar leguminosas prontas para consumir, prefira aquelas que vêm em frascos de vidro.
- Procure combinar na mesma refeição leguminosas e cereais, de preferência integrais, de forma a obter proteínas completas, com todos os aminoácidos essenciais.
- Para que o ferro fornecido pelas leguminosas seja bem absorvido pelo organismo, consuma alimentos ricos em vitamina C (como tomate ou suco de laranja) na mesma refeição.
- Todas as leguminosas podem ser germinadas, para potencializar as suas qualidades nutricionais.
- Compre vegetais congelados, evitando os deslocamentos constantes ao supermercado. Se tiver oportunidade e espaço, congele também alguns vegetais da safra (como tomate, vagem, ervilha-torta ou pimentão) na época em que são mais saborosos e mais baratos.

Hortaliças e Leguminosas

• ENTRADAS E PRATOS PRINCIPAIS •

Salada verde com maçã e manga

- 5 min.
- 4 porções
- Muito fácil
- Rico em: vitaminas A, C e do complexo B e ferro

1. Lave a maçã, tire os caroços e corte em fatias finas. Corte a polpa da manga em pedaços pequenos.
2. Coloque a mistura de folhas num recipiente de servir, junte as fatias de maçã, os pedaços de manga e os tomates inteiros ou cortados ao meio.
3. Tempere com o vinagre balsâmico, sal e azeite.

NOTA: Além de reforçarem o consumo de vitaminas, a maçã e a manga auxiliam a digestão e facilitam a absorção do ferro pelo organismo.

1 maçã vermelha
½ manga madura e firme
mix de folhas (alface, rúcula, etc.)
8 tomates-cereja
1 colher (sopa) de vinagre balsâmico
sal e azeite a gosto

- 5 min.
- 4 porções
- Muito fácil
- Rico em: vitaminas A e do complexo B, ferro e magnésio

Salada crudívora de beterraba

1 beterraba pequena
1 nabo pequeno
2 cenouras
½ repolho
suco de limão-siciliano ou vinagre balsâmico, orégano, sal e azeite a gosto
maionese (p. 44) ou molho de iogurte para servir

1. Descasque a beterraba, o nabo e a cenoura e rale num ralador médio. Lave o repolho e proceda da mesma forma.
2. Num recipiente de servir, misture os ingredientes. Tempere com suco de limão-siciliano, orégano, sal e azeite a gosto; se desejar, sirva com maionese ou molho de iogurte.

Você vai se surpreender com a textura e o sabor refrescante desta salada vermelha.

Rolinhos de abobrinha com homus

2 abobrinhas pequenas

azeite, shoyu (ou sal marinho) e alho em pó a gosto

folhas de manjericão fresco

vinagre balsâmico para servir

HOMUS:

1 xícara de grão-de-bico cozido

2 colheres (sopa) de azeite

1 colher (sopa) de suco de limão-siciliano

½ colher (chá) de sal

¼ de colher (chá) de alho em pó

cominho a gosto

1. Lave as abobrinhas e corte-as em fatias finas no sentido do comprimento, de forma a obter cerca de 8 fatias por abobrinha. Tempere com azeite e shoyu e salpique alho em pó.

2. Numa chapa ou frigideira antiaderente, grelhe as fatias de abobrinha, em fogo médio, por 2 minutos de cada lado, até dourarem. Retire do fogo e reserve.

3. Para fazer o homus, coloque os ingredientes no processador e triture até obter uma pasta densa (se for preciso, raspe as paredes do processador e volte a bater).

4. Monte os rolinhos. Estenda uma fatia de abobrinha, coloque 1 colher (chá) cheia de homus e 1 folha de manjericão numa das pontas e enrole; repita o processo até terminarem as fatias de abobrinha.

5. Disponha os rolinhos num prato de servir e pingue uma gota de vinagre balsâmico em cada um. Os rolinhos podem ser servidos como entrada para uma ocasião especial.

- 40 min.
- 2 porções
- Médio
- Rico em: proteínas e vitaminas do complexo B

Berinjelas recheadas com cogumelos

1 berinjela grande
sal marinho e azeite a gosto
1 dente de alho
½ cebola
2 colheres (sopa) de molho de tomate
150 g de cogumelos-de-paris e cogumelos portobello
3 colheres (sopa) de creme vegetal culinário
tomilho, páprica doce e pimenta-do-reino a gosto
2 colheres (sopa) de milho em conserva escorrido
5 tomates-cereja
raspas de limão-siciliano e cebolinha fresca picada para servir

1. Lave e corte a berinjela ao meio, na vertical. Com a ponta da faca, extraia a polpa, com cuidado para não perfurar a casca. Salpique as duas cavidades com sal e reserve. Pique a polpa da berinjela, removendo as sementes.

2. Numa frigideira com um fio de azeite, refogue em fogo baixo o alho e a cebola picados, até esta ficar translúcida. Junte a polpa da berinjela, o molho de tomate, mais um fio de azeite e mexa. Deixe cozinhar por 3 minutos e acrescente os cogumelos laminados ou cortados em pedaços. Quando estiverem macios, misture 1 colher (sopa) de creme vegetal e tempere com sal, tomilho, páprica doce e pimenta-do-reino.

3. Enquanto prepara o recheio, aqueça o forno a 200 °C. Escorra o sal das metades de berinjela, enxágue-as e seque com papel absorvente. Pincele o interior com azeite e coloque-as numa assadeira forrada com papel-manteiga. Leve ao forno durante 15 a 20 minutos, até ficarem tenras.

4. Recheie as metades de berinjela com o preparado de cogumelos. Coloque por cima de cada uma 1 colher (sopa) de creme vegetal e distribua o milho e os tomates cortados ao meio.

5. Leve de novo ao forno para gratinar durante cerca de 15 minutos. Polvilhe raspas de limão-siciliano e cebolinha antes de servir. Pode ser servido como entrada ou prato principal.

NOTA: Escolha uma berinjela madura – faça uma ligeira pressão com os dedos; se ficar marcada, está no ponto.

Shimeji com beldroega

15 min.
2 porções
Fácil
Rico em: proteínas, ferro, vitaminas C, A e do complexo B e ômega-3

1. Lave e corte os cogumelos em pedaços pequenos. Lave e separe os ramos de beldroega. Esmague e pique os dentes de alho. Retire a pele dos tomates e pique grosso.

2. Aqueça em fogo médio uma frigideira com um fio de azeite. Salteie o alho e o tomate durante 1 a 2 minutos, até o tomate amaciar; junte os cogumelos e tempere com sal, páprica doce, tomilho, manjericão e pimenta-do-reino. Deixe cozinhar durante 5 minutos, em fogo baixo, e acerte o tempero.

3. Adicione os raminhos de beldroega, deixe apurar por mais 2 minutos e apague o fogo. Sirva acompanhado de massas ou trigo-sarraceno.

NOTA: Outrora desprezada como erva daninha, a beldroega é muito rica em nutrientes. Você pode encontrar em feiras orgânicas ou cultivá-la em casa num vaso. Nesta receita, você pode substituí-la por folhas tenras de espinafre.

300 g de cogumelos shimeji
100 g de beldroega (ver nota)
2 dentes de alho
2 tomates maduros
azeite a gosto
½ colher (chá) de sal marinho
páprica doce, tomilho, manjericão
e pimenta-do-reino para temperar

Salada de feijão-fradinho com tomates-cereja

- 10 min.
- 2-4 porções
- Muito fácil
- Rico em: proteínas, ferro, vitaminas A, B1 e B2 e fósforo

1. Lave a vagem, retire as pontas e corte em pedacinhos. Cozinhe no vapor ou com pouca água durante 3 a 5 minutos. Escorra e deixe esfriar.
2. Descasque e corte o caqui em pequenos triângulos.
3. Num recipiente de servir, misture todos os ingredientes da salada: o feijão, a vagem, os tomatinhos (inteiros ou cortados ao meio), o caqui, a cebola e a salsinha.
4. Tempere com azeite e suco de limão-siciliano; se preferir, use maionese. Sirva como acompanhamento ou como prato principal.

NOTA: Esta salada é ótima para levar numa marmita e comer no local de trabalho com torradas integrais.

100 g de vagem

1 caqui de polpa firme ou 1 manga

2 xícaras de feijão-fradinho cozido

tomates-cereja vermelhos e amarelos a gosto

½ cebola roxa picada

salsinha picada a gosto

azeite e suco de limão-siciliano ou maionese para temperar

A combinação da fruta, do tomate e do feijão confere um sabor leve e fresco a esta salada.

Salada de grão-de-bico com abacate e uvas

🕐 5 min.

👥 2-4 porções

🍴 Muito fácil

⭐ Rico em: ferro, proteínas, magnésio e vitamina A

1. Num recipiente de servir, misture o grão-de-bico com o tomate e a cebola em cubinhos e junte a salsinha e o coentro.

2. Corte o abacate no sentido do comprimento, retire o caroço e a casca e corte a polpa em pequenos cubos. Regue com suco de limão-siciliano, para evitar que oxide e escureça.

3. Transfira o abacate para o recipiente, adicione as uvas e misture tudo. Tempere com um fio de azeite, suco de limão-siciliano e ainda sal e pimenta-do-reino, se desejar.

2 xícaras de grão-de-bico cozido
1 tomate maduro
½ cebola roxa
salsinha e coentro picados a gosto
1 abacate maduro
uvas pretas a gosto
suco de limão-siciliano e azeite para temperar
sal marinho e pimenta-do-reino a gosto (opcional)

- 10 min.
- 2-4 porções
- Fácil
- Rico em: ferro, proteínas, magnésio e vitamina A

Grão-de-bico salteado com alho-poró e alecrim

2 cenouras pequenas

1 alho-poró (só a parte branca)

azeite a gosto

1 folha de louro

1 raminho de alecrim, mais um pouco para servir

2 colheres (sopa) de shoyu

2 xícaras de grão-de-bico cozido

funcho e tomilho a gosto

folhinhas de alecrim para servir

1. Corte a cenoura e o alho-poró em rodelas finas.
2. Aqueça uma frigideira com um fio de azeite e comece por saltear a cenoura com a folha de louro e o raminho de alecrim, em fogo médio, durante 1 a 2 minutos. Junte o alho-poró e o shoyu e salteie por mais 2 minutos, mexendo regularmente.
3. Junte o grão-de-bico; tempere com funcho e tomilho. Misture bem e desligue o fogo. Retire a folha de louro e sirva quente, decorado com folhinhas de alecrim.

Feijoada vegana com cogumelos

30 min.

4-6 porções

Fácil

Rico em: proteínas, fibras, magnésio, ferro e potássio

1. Corte a cenoura em rodelas finas, os cogumelos em lâminas e o repolho em tiras finas. Pique a cebola e o alho.

2. Aqueça uma panela grande com um fio de azeite e a folha de louro. Refogue o alho e a cebola até esta ficar translúcida. Junte a cenoura e salteie durante 2 ou 3 minutos, até ficar macia. Acrescente o repolho, seguido do caldo do feijão (ou água), e deixe cozinhar durante cerca de 10 minutos. Adicione os cogumelos laminados e tempere com sal, páprica doce e noz-moscada, refogando por 5 minutos. Por fim, misture o feijão e a linguiça de soja cortada em rodelas. Deixe apurar por mais alguns minutos para os sabores se cruzarem.

3. Sirva a feijoada com salsinha e coentro por cima e acompanhada por arroz integral e uma boa salada verde.

NOTA: Você pode preparar esta feijoada em grande quantidade, distribuir em porções e congelar. Receita da avó Aida.

3 cenouras pequenas
6 cogumelos-de-paris (cerca de 150 g)
½ repolho
1 cebola
1 dente de alho
azeite a gosto
1 folha de louro
2 xícaras de caldo do cozimento do feijão (ver a seguir)
sal marinho, páprica doce e noz-moscada a gosto
3 a 4 xícaras de feijão-carioca ou feijão-jalo cozido
½ linguiça de soja
salsinha e coentro picados para servir

20 min.

2-4 porções

Fácil

Rico em: proteínas, cálcio, ferro, potássio e magnésio

Feijão-preto com shitake

½ abobrinha

100 g de cogumelos shitake

1 couve-chinesa ou acelga pequena

azeite a gosto

2 dentes de alho

1 folha de louro

2 xícaras de feijão-preto cozido

½ xícara de caldo do cozimento do feijão

cominho, páprica doce e sal marinho a gosto

coentro picado ou folhas de hortelã para servir

1. Corte a abobrinha no sentido do comprimento e, depois, em pequenos cubos. Pique grosseiramente os cogumelos. Separe e rasgue as folhas da couve e corte os talos em tiras. Reserve.

2. Aqueça uma panela ou uma frigideira grande com um fio de azeite; junte os dentes de alho esmagados e picados, a folha de louro e a abobrinha. Salteie em fogo médio por cerca de 2 minutos, até a abobrinha ficar macia.

3. Acrescente o feijão e o caldo do cozimento do feijão (ou água), seguidos da couve e dos cogumelos. Tempere com cominho e páprica doce; se necessário, adicione uma pitada de sal. Deixe cozinhar durante 10 minutos, em fogo baixo, e desligue o fogo.

4. Polvilhe coentro picado ou folhinhas de hortelã antes de servir. Pode ser acompanhado por arroz basmati e uma salada de tomate.

Curry de lentilhas com vegetais

1 xícara de lentilhas
200 g de brócolis e couve-flor
1 cebola
2 dentes de alho
azeite a gosto
1 colher (chá) de curry em pó
½ colher (chá) de cúrcuma em pó
½ colher (chá) de cominho
2 bagas de cardamomo (opcional)
1 ½ xícara de água
1 colher (chá) de sal marinho
1 vidro (200 ml) de leite de coco (ou creme vegetal culinário)
1 tira de pimentão verde
1 tira de pimentão vermelho
1 pedacinho (1 cm) de gengibre fresco ralado (opcional)
1 pimenta-malagueta pequena (opcional) ou pimenta-de--caiena a gosto

1. Coloque as lentilhas num recipiente com água e deixe-as de molho enquanto prepara os vegetais. Depois, escorra e descarte a água.
2. Lave e separe os brócolis e a couve-flor em floretes pequenos. Pique a cebola e o alho.
3. Aqueça uma panela ou uma frigideira grande com um fio de azeite. Refogue o alho e a cebola até esta ficar translúcida e macia. Adicione o curry, o cúrcuma, o cominho e as bagas de cardamomo esmagadas. Refogue durante 1 minuto, mexendo para que as especiarias libertem os aromas.
4. Junte as lentilhas escorridas, a água, os floretes de brócolis e de couve-flor e tempere com o sal. Deixe cozinhar em fogo baixo durante cerca de 10 minutos. Misture o leite de coco ou creme vegetal, o pimentão picado e o gengibre, se desejar. Para um sabor picante, acrescente também uma pimenta-malagueta, aberta e sem as sementes, ou pimenta-de-caiena a gosto. Deixe ferver durante 2 ou 3 minutos e desligue o fogo. Sirva acompanhado com arroz basmati e uma salada.

Quando planejamos as refeições, gostamos de pensar em algo que ocupe um lugar central no prato e que, de algum modo, substitua a carne, o peixe ou os ovos. Podemos eleger o seitan, o tofu, a soja e o tempeh como tais alimentos, pelo seu valor nutricional e pela grande versatilidade nas preparações culinárias.

Alguns conselhos:

- Compre seitan e tofu frescos, embalados a vácuo e conservados em geladeira, com prazo de validade curto, ou faça-os em casa. Evite comprar tais produtos embalados sem refrigeração, em caixas de papelão ou em frascos, com prazo de validade longo, pois, além de serem mais caros, têm o sabor seriamente comprometido.

- Procure seitan e tofu em lojas de produtos naturais ou orientais uma vez que os preços praticados pelos hipermercados para estes produtos são muito mais elevados.

- Se tiver aberto a embalagem e não for cozinhar de imediato, coloque o tofu e o seitan num recipiente coberto com água. Conservam-se na geladeira por até 5 dias, submersos em água, devendo a água ser renovada diariamente.

- Temperar na hora ou deixar marinando? Ambas as opções são válidas. Para uma refeição rápida, basta temperar diretamente na frigideira e saltear em fogo baixo para que o tempero seja absorvido. Na preparação de bifes ou empanados, é importante temperar com antecedência.

- Em vez de sal, use shoyu para temperar ou cozinhar tofu, seitan ou tempeh. Habitualmente, estes três alimentos combinam bem com azeite, shoyu, alho, manjericão e gengibre, mas você pode recorrer às suas especiarias preferidas para conferir o sabor desejado.

- Você pode adaptar vários pratos tradicionais à cozinha vegetariana. O tofu, de cor branca e textura macia, é adequado para substituir peixes; o seitan, por ter uma cor acastanhada e textura mais compacta, é ideal para substituir carne; já a proteína de soja em flocos é ótima para substituir carne moída. Dessas opções, a última é a mais econômica.

- Quando cozinhar proteína de soja, tenha em mente que ela duplica ou triplica de volume. Opte por cozinhar pequenas quantidades. Para obter melhores resultados, você deve deixar a soja de molho em água fervente (na proporção de 1 xícara de soja para 2 ou 3 xícaras de água) com uma casca de limão-siciliano e um pouco de sal durante 30 minutos; em seguida, escorra a água, tempere a gosto e cozinhe de acordo com a receita escolhida.

Tofu, Seitan e Soja

• ENTRADAS E PRATOS PRINCIPAIS •

- 45 min.
- 500 g
- Fácil
- Rico em: proteínas, fósforo, fibras e magnésio

Seitan caseiro

1 xícara (não muito cheia) de glúten de trigo

1 colher (sopa) rasa de farinha de trigo sem fermento

1 colher (sopa) rasa de farinha de trigo integral

½ colher (chá) de alho em pó

páprica doce e gengibre em pó a gosto

1 colher (sopa) de shoyu ou tamari

1 xícara de água

PARA COZINHAR:

2 colheres (sopa) de shoyu

1 folha de louro

1 dente de alho

1 pedaço de cebola

2 folhas de manjericão ou 1 raminho de alecrim

um fio de azeite

1. Coloque num recipiente o glúten e as farinhas; junte o alho, a páprica doce e o gengibre e misture.

2. Adicione o shoyu à água; despeje sobre as farinhas e mexa rapidamente com uma colher, até incorporar o líquido. Forme uma bola com as mãos. Deixe-a repousar por pelo menos 10 minutos.

3. Leve ao fogo uma panela (de preferência de pressão) com água suficiente para cobrir a bola de glúten; acrescente o restante dos ingredientes para cozinhar. Quando começar a ferver, despeje a bola de glúten, que deverá ficar completamente submersa. No início, mexa para não grudar no fundo e, então, cozinhe durante 30 minutos na panela de pressão ou cerca de 1 hora na panela comum.

4. Depois de pronto, o seitan pode integrar várias receitas. Conserve na geladeira por até 5 dias, submerso na água do cozimento, ou congele, inteiro ou fatiado.

NOTA: Se quiser que o seitan adquira uma forma cilíndrica, deixe a bola de glúten repousar dentro de uma caneca. Você pode multiplicar a receita e cozinhar, ao mesmo tempo, 2 ou 3 bolas de seitan.

Bifes de seitan

- 10 min.
- 2 porções
- Muito fácil
- Rico em: proteínas, fibras e ferro

4 fatias finas de seitan
azeite a gosto
1 a 2 colheres (sopa) de shoyu
alho em pó, páprica doce
e manjericão em pó a gosto

1. Coloque as fatias de seitan numa frigideira e tempere com um fio de azeite, o shoyu, alho, páprica doce e manjericão, incorporando bem. Você pode adicionar outros condimentos a gosto, como tomilho, pimenta-de-caiena ou pimenta-do-reino.

2. Cozinhe em fogo baixo, para absorver o tempero, durante cerca de 8 minutos, virando as fatias na metade do tempo. Aumente o fogo e deixe dourar de ambos os lados, por cerca de 1 minuto.

Empanadinhos de seitan

- 15 min. + marinada: 1h
- 2 porções
- Fácil
- Rico em: proteínas, fibras, ferro e lipídeos

1. Divida as fatias de seitan ao meio; coloque num recipiente e tempere com o shoyu, o alho, manjericão, pimenta-do-reino, sal, um fio de azeite e o suco de limão-siciliano. Incorpore bem e deixe marinar por pelo menos 1 hora (pode ficar marinando até 8 horas na geladeira).

2. Misture num recipiente pequeno a água com a farinha de trigo até obter um preparado espesso. Tire os pedacinhos de alho das fatias de seitan e passe-as primeiro no preparado de água com farinha e, depois, na farinha de rosca.

3. Leve ao fogo uma frigideira com um fio de azeite. Quando estiver quente, frite as fatias em fogo médio alto, virando com uma espátula para que fiquem douradas de ambos os lados. Sirva acompanhadas de quartos de limão.

4 fatias de seitan
1 a 2 colheres (sopa) de shoyu
2 dentes de alho picados ou alho em pó a gosto
manjericão, pimenta-do-reino, sal marinho e azeite a gosto
suco de ½ limão-siciliano

PARA EMPANAR:
2 colheres (sopa) de água
2 colheres (sopa) de farinha de trigo
2 colheres (sopa) de farinha de rosca

Bifinhos de seitan com creme

🕐 15 min.
👥 2 porções
🍴 Fácil
⭐ Rico em: proteínas, fibras, ferro e lipídeos

1. Coloque as fatias de seitan numa frigideira e tempere com o shoyu, um fio de azeite, alho, manjericão em pó e páprica doce; incorpore bem.
2. Cozinhe em fogo baixo por cerca de 10 minutos, virando as fatias.
3. Misture o creme com o molho de mostarda (se usar) e o suco de limão-siciliano e despeje sobre os bifes na frigideira. Tempere com pimenta-do-reino, deixe levantar fervura e desligue o fogo. Sirva os bifinhos com cebolinha picada por cima.

4 fatias de seitan
1 a 2 colheres (sopa) de shoyu
azeite, alho em pó, manjericão, páprica doce e pimenta-do-reino a gosto
½ caixinha de creme vegetal culinário
½ colher (chá) de molho de mostarda (opcional)
½ colher (chá) de suco de limão-siciliano
cebolinha fresca para servir

🕐 20 min.
👥 6 porções
🍴 Fácil
⭐ Rico em: proteínas, fibras, fósforo, lipídeos, ferro e vitaminas do complexo B

Estrogonofe de seitan

500 g de seitan
300 g de cogumelos-de-paris
3 dentes de alho
3 colheres (sopa) de shoyu
½ colher (chá) de páprica doce
3 colheres (sopa) de vinho branco
azeite, louro, manjericão, gengibre em pó e pimenta-do-reino a gosto
3 colheres (sopa) de molho de tomate
½ colher (chá) de sal marinho
1 caixinha de creme vegetal culinário
salsinha fresca para servir

1. Corte o seitan em cubos pequenos e os cogumelos em lâminas. Pique os dentes de alho.
2. Coloque o seitan numa frigideira com o alho, o shoyu, a páprica doce, o vinho branco, um fio de azeite, louro, manjericão, gengibre e pimenta; deixe marinar durante 5 minutos. Salteie em fogo médio a alto por cerca de 5 minutos até começar a dourar. Transfira o seitan para um recipiente e reserve.
3. Na mesma frigideira, coloque o cogumelo, o molho de tomate e o sal e salteie em fogo médio durante 2 ou 3 minutos, até murchar. Junte o seitan e o creme, cozinhe por 2 minutos e acerte o tempero. Sirva com salsinha picada por cima.

Gratinado de seitan com vegetais

40 min.

4-6 porções

Fácil

Rico em: proteínas, cálcio, ácido fólico, ferro e ômega-3

1. Corte o seitan em cubos, a abobrinha em meias-luas e o alho-poró em rodelas finas; rale grosso a cenoura e separe a couve-flor em floretes. Corte a cebola em tirinhas e pique o alho. Tire a casca e pique o tomate.

2. Numa frigideira, coloque o seitan com um fio de azeite, o shoyu e os temperos. Salteie por 5 minutos, até começar a dourar. Retire o seitan e reserve.

3. Na mesma frigideira, refogue o alho e a cebola até esta ficar transparente. Junte o tomate e cozinhe durante mais 2 minutos. Adicione o alho-poró, a abobrinha, a couve-flor e a cenoura e tempere com sal a gosto. Em fogo médio a alto, salteie os legumes até ficarem tenros. Misture o seitan cozido.

4. Prepare o bechamel: numa panela, misture, com um fouet, a farinha e o leite frio. Leve ao fogo, adicione o sal e vá mexendo até engrossar, por cerca de 5 minutos. No final, junte a margarina e tempere com pimenta-do-reino e noz-moscada.

5. Disponha o seitan e os vegetais numa assadeira e cubra com o bechamel. Polvilhe a farinha de rosca, a amêndoa moída e os pignoli.

5. Aqueça o forno a 190 °C e leve para gratinar por cerca de 15 minutos ou até dourar. Sirva acompanhado com arroz basmati ou trigo-sarraceno e uma salada verde.

NOTA: Quando saltear o seitan, você pode adicionar alga arame (previamente deixada de molho durante 5 minutos) e outros vegetais à sua escolha, além dos indicados.

300 g de seitan
1 abobrinha pequena
1 talo de alho-poró
1 cenoura
150 g de couve-flor
1 cebola
2 dentes de alho
2 tomates
azeite a gosto
3 colheres (sopa) de shoyu
sal marinho, manjericão, tomilho e pimenta-do-reino a gosto
2 colheres (sopa) de farinha de rosca
2 colheres (sopa) de amêndoa moída
1 colher (sopa) de pignoli (opcional)

MOLHO BECHAMEL:

4 colheres (sopa) de farinha de trigo, de aveia ou de espelta
2 xícaras de leite vegetal sem açúcar
½ colher (chá) de sal marinho
2 colheres (sopa) de margarina
pimenta-do-reino e noz-moscada a gosto

- 40 min.
  + marinada: 30 min.
- 2 porções
- Fácil
- Rico em: proteínas, ferro, ácido fólico, cálcio, vitaminas C e B e ômega-3

Assado de seitan com castanhas portuguesas

1 peça de seitan de 250 g

2 batatas-doces longas e finas

1 abobrinha

azeite a gosto

3 colheres (sopa) de shoyu

3 dentes de alho

1 folha de louro

páprica doce e tomilho a gosto

4 tomates-cereja

8 castanhas portuguesas assadas ou cozidas

vinho branco, sal marinho e pimenta-do-reino a gosto

1. Fatie o seitan, mas não por completo, deixando a base inteira.
2. Lave bem as batatas-doces e a abobrinha; corte-as com a casca em rodelas.
3. Coloque o seitan no centro de uma assadeira e tempere com o azeite, o shoyu, o alho picado, o louro, a páprica doce e o tomilho. Disponha em volta a batata-doce, a abobrinha, o tomate e as castanhas; regue com um fio de azeite e um pouco de vinho branco, salpicando em seguida sal, pimenta-do-reino e mais um pouco de tomilho. Deixe marinar durante 30 minutos.
4. Leve ao forno preaquecido a 200 °C por cerca de 25 a 30 minutos. Regue o seitan de vez em quando com o molho que se forma no fundo da assadeira, para não ressecar, ou cubra-o, nos primeiros 15 minutos, com papel-manteiga. Sirva acompanhado por uma boa salada verde.

- 35 min.
  + prensagem: 30 min.
- 400 g
- Difícil
- Rico em: proteínas, cálcio, magnésio e ferro

Tofu caseiro

2 litros de leite de soja caseiro (p. 28)

3 colheres (sopa) de suco de limão

½ xícara de água morna

1. Ferva o leite de soja numa panela alta com tampa. Deixe criar espuma e desligue o fogo. Retire a espuma e deixe esfriar durante 3 minutos, até atingir 80 °C.

2. Misture o suco de limão e a água morna. Despeje lentamente o líquido na panela: deixe cair algumas gotas sobre o leite e espere alguns segundos; repita a operação até terminar o líquido. Tampe de imediato a panela. O leite vai começar a "talhar", formando-se pequenos coágulos. Deixe repousar por 20 minutos, sem agitar. No inverno, cubra a panela com uma toalha para manter a temperatura.

3. Enquanto isso, forre um molde de tofu com um pano de algodão fino. Coloque o molde dentro de um coador ou de um recipiente (que servirá para recolher o soro).

4. Retire com uma escumadeira o leite coagulado da panela e transfira-o para o molde. Preencha todos os cantos e pressione para que o soro escorra. Dobre as pontas do tecido sobre o tofu, coloque uma tampa e, por cima desta, algo pesado para prensar. Deixe prensado por pelo menos 30 minutos (quanto mais tempo e mais pesada for a prensa, mais firme será o tofu).

5. Retire o tofu do molde com cuidado e coloque-o num recipiente com água fria. Conserva-se na geladeira por até 5 dias submerso em água, que deve ser renovada diariamente.

NOTA: A maioria dos leites de soja industrializados não são adequados para fazer tofu, daí a recomendação do leite caseiro. Meça com rigor a quantidade de suco de limão, pois, em excesso, ele amarga o tofu. Você pode usar uma embalagem de plástico descartável furada como molde (por exemplo, uma embalagem de tomates-cereja).

Tofu com dois molhos

🕐 10 min.

👥 2 porções

🍴 Fácil

⭐ Rico em: proteínas, cálcio, magnésio e ferro

1. Corte o tofu em tirinhas ou em cubos. Coloque numa frigideira com um fio de azeite e tempere com o shoyu e alho, manjericão, tomilho e gengibre em pó; misture bem.

2. Cozinhe em fogo baixo para o tofu absorver o tempero, durante cerca de 3 minutos, mexendo. Aumente o fogo e salteie durante 1 minuto para ganhar uma leve crosta dourada. Sirva puro ou prepare um dos molhos a seguir para acompanhar.

PARA O MOLHO DE AMENDOIM OU AVELÃS:

3. Misture os ingredientes pela ordem sugerida numa panela pequena. Leve ao fogo e deixe ferver durante 1 minuto, mexendo até ficar cremoso.

4. Misture o tofu salteado ao molho e incorpore bem. Sirva quente ou frio.

PARA O MOLHO AGRIDOCE:

5. Coloque a água numa panela e misture todos os ingredientes, exceto os temperos. Leve ao fogo por cerca de 4 minutos, mexendo até engrossar e ficar gelatinoso. Junte os temperos.

6. Misture o tofu salteado ao molho e incorpore bem. Sirva quente ou frio. Se preferir, junte também abacaxi cortado em cubinhos e salteado.

4 fatias de tofu
azeite a gosto
1 a 2 colheres (sopa) de shoyu
alho, manjericão, tomilho e gengibre em pó a gosto

COM MOLHO DE AMENDOIM OU AVELÃS:

1 a 2 colheres (sopa) de pasta de amendoim ou de avelãs
1 colher (sopa) de azeite
4 a 6 colheres (sopa) de creme vegetal culinário
½ colher (chá) de shoyu
alho em pó a gosto
amendoins torrados para servir

COM MOLHO AGRIDOCE:

½ xícara de água
1 colher (sopa) de shoyu
1 colher (sopa) de suco de limão-siciliano
1 colher (sopa) de vinagre balsâmico
1 colher (sopa) de açúcar mascavo ou xarope de agave
½ colher (sopa) de amido de milho dissolvido em 2 colheres (sopa) de água
alho, manjericão, canela e gengibre em pó a gosto

Filés de tofu

- 10 min.
  + marinada: 1h
- 2 porções
- Fácil
- Rico em: proteínas, cálcio, magnésio e ferro

4 fatias de tofu
2 colheres (sopa) de shoyu
2 dentes de alho picados
alho em pó, páprica doce, manjericão seco e azeite a gosto
suco de ½ limão-siciliano

PARA EMPANAR:
3 colheres (sopa) de farinha de trigo
2 colheres (sopa) de água

1. Tempere as fatias de tofu com os demais ingredientes; misture bem e deixe marinar durante 1 hora (pode ficar marinando por até 8 horas na geladeira).
2. Para a massa de empanar, misture a água com a farinha até obter um preparado espesso; tire os pedacinhos de alho das fatias de tofu e passe-as pela massa.
3. Aqueça uma frigideira com um fio de azeite. Frite as fatias em fogo médio a alto, virando para que fiquem douradas de ambos os lados.

Bolinhos de tofu

- 30 min.
- 20 un.
- Médio
- Rico em: proteínas, cálcio, magnésio, ferro, carboidratos e lipídeos

1. Com um espremedor, amasse as batatas e o tofu. Adicione o sal, a levedura de cerveja e a noz-moscada e misture bem até obter uma massa granulosa.
2. Pique fino a cebola e a salsinha; misture na massa.
3. Coloque a farinha num prato. Pegue porções de massa e modele bolinhos usando duas colheres. Passe-os rapidamente na farinha, para que fiquem mais firmes.
4. Frite numa fritadeira em fogo médio a alto, até ficarem dourados, ou grelhe numa frigideira com um fio de azeite. Retire com cuidado e deixe esfriar sobre papel-toalha.

NOTA: Receita de Bolinhos sem bacalhau cedida por Maria Oliveira Dias (thelovefood.blogspot.pt).

4 batatas cozidas
200 g de tofu
½ colher (chá) de sal
2 colheres (sopa) de levedura de cerveja em pó
¼ de colher (chá) de noz-moscada
½ cebola pequena
1 ramo de salsinha
2 colheres (sopa) de farinha de trigo para empanar
azeite a gosto

Tofu em crosta de broa de milho

30 min.
4-6 porções
Fácil

Rico em: proteínas, cálcio, magnésio, ferro, fósforo e vitaminas A e B

1. Amasse o tofu com um garfo ou passe-o no ralador. Corte a parte branca do alho-poró e a cebola em tiras bem finas.

2. Leve ao fogo uma frigideira com um fio de azeite e salteie a cebola em fogo médio até esta ficar translúcida. Junte o alho-poró, o tofu esmigalhado e a levedura de cerveja (se usar). Tempere com o sal, o shoyu, manjericão, tomilho, páprica doce e pimenta-do-reino. Deixe cozinhar por cerca de 8 minutos, mexendo ocasionalmente.

3. Triture no processador a broa de milho em pedaços, o alho, a salsinha e o azeite até obter uma farofa.

4. Numa assadeira, coloque o tofu salteado com o alho-poró e cubra com a farofa de broa. Pressione com as costas de uma colher para que a camada de broa fique uniforme. Leve ao forno preaquecido a 200 °C por cerca de 15 minutos ou até a crosta dourar.

500 g de tofu
3 talos de alho-poró
1 cebola
azeite a gosto
2 colheres (sopa) de levedura de cerveja (opcional)
1 colher (chá) de sal marinho
1 colher (sopa) de shoyu
manjericão e tomilho secos, páprica doce, e pimenta-do-reino a gosto

CROSTA DE BROA:
1 broa de milho pequena (400 g)
1 dente de alho
4 colheres (sopa) de salsinha picada
6 colheres (sopa) de azeite

Moqueca de tofu

30 min.

4 porções

Fácil

Rico em: proteínas, cálcio, magnésio, lipídeos, ácido fólico, ferro e vitaminas E e C

1. Corte o tofu em cubos pequenos, a cenoura em rodelas finas e a abobrinha com a casca em meias-luas. Tire a casca e pique o tomate. Pique também a cebola e o alho. Reserve.
2. Leve ao fogo uma frigideira com um fio de azeite e refogue o alho e a cebola até esta ficar translúcida. Junte o tomate, deixe cozinhar durante 2 minutos e acrescente a cenoura, salteando até começar a ficar macia. Acrescente o tofu e a abobrinha e tempere com o suco de limão-siciliano, o sal, o coentro, a páprica doce e o cominho, mexendo bem.
3. Adicione o leite de coco, o pimentão e a pimenta-malagueta aberta ao meio e sem as sementes (se usar). Deixe cozinhar por cerca de 10 minutos em fogo baixo, com a panela tampada. Sirva acompanhado com arroz basmati ou cuscuz e uma salada verde.

NOTA: Você pode combinar outros vegetais, como berinjela ou brócolis. Se não apreciar o sabor picante, não utilize a pimenta-malagueta.

250 g de tofu
1 cenoura
1 abobrinha pequena
2 tomates maduros grandes
1 cebola
2 dentes de alho
azeite a gosto
2 colheres (sopa) de suco de limão-siciliano
1 colher (chá) de sal marinho
4 colheres (sopa) de coentro picado
páprica doce e cominho em pó a gosto
1 vidro grande de leite de coco (400 ml)
pimentão em tiras (opcional)
1 pimenta-malagueta pequena ou pimenta-de-caiena a gosto (opcional)

Espetinhos mistos

20 min.
+ marinada: 30 min.

8 un.

Fácil

Rico em: proteínas, ferro, cálcio, fósforo e fibras

1. Corte o seitan e o tofu em cubos grandes, a abobrinha em meias-luas, o pimentão em 8 pedaços e as cebolas em 8 fatias grossas. Deixe os tomates-cereja e os cogumelos inteiros.

2. Coloque o tofu e o seitan num recipiente e junte com um fio de azeite, o shoyu, o alho e os temperos; misture bem. Junte os demais ingredientes, tempere com o sal, reforce os condimentos e mexa bem; deixe marinar entre 30 minutos e 2 horas.

3. Monte os espetinhos, intercalando os ingredientes.

4. Leve ao fogo uma chapa e grelhe os espetinhos em fogo médio a alto por 10 a 15 minutos, virando-os e regando-os com o molho da marinada. Sirva acompanhados por uma salada verde e cuscuz.

1 fatia grossa de seitan (100 g)
1 fatia grossa de tofu (100 g)
½ abobrinha
2 tiras de pimentão
2 cebolas roxas
8 tomates-cereja
8 cogumelos portobello pequenos ou shitake
azeite a gosto
2 colheres (sopa) de shoyu
½ colher (chá) de alho em pó
páprica doce, tomilho, alecrim e gengibre ralado a gosto
½ colher (chá) de sal marinho

- 15 min.
- 2 porções
- Fácil
- Rico em: proteínas, ferro, cálcio, magnésio e vitamina C

Tempeh com alga

150 g de tempeh

6 cogumelos shitake

1 a 2 colheres (sopa) de alga arame

azeite a gosto

1 colher (sopa) de shoyu

alho em pó e tomilho a gosto

½ xícara de molho de tomate (p. 50)

4 folhas de manjericão fresco

sal marinho e pimenta-do-reino a gosto

1 cm de gengibre fresco ralado (sem casca)

1. Corte o tempeh em palitos e os cogumelos em lâminas.

2. Deixe a alga arame de molho num recipiente com água durante 5 minutos e escorra.

3. Coloque o tempeh numa frigideira com um fio de azeite e tempere com o shoyu, o alho e o tomilho; misture bem. Salteie o tempeh por cerca de 4 minutos, até dourar de ambos os lados; retire e reserve.

4. Despeje os cogumelos e a alga na frigideira e mexa durante 2 minutos, até os cogumelos murcharem. Junte o molho de tomate, ⅓ de xícara de água (se achar necessário) e as folhas de manjericão rasgadas e deixe levantar fervura. Misture o tempeh salteado e acerte o tempero com sal, pimenta e o gengibre ralado; deixe cozinhar por mais 3 minutos. Sirva bem quente acompanhado por uma massa ou arroz integral.

Bolonhesa de soja

1 xícara de proteína de soja em flocos

2 xícaras de água fervente

½ limão-siciliano pequeno (casca e suco)

½ colher (chá) de sal marinho

alho em pó e manjericão seco, tomilho e pimenta-do-reino para temperar

MOLHO À BOLONHESA:

4 tomates muito maduros (ou 1 lata de tomate pelado)

2 dentes de alho

6 cogumelos-de-paris

azeite a gosto

½ xícara (chá) de milho em conserva escorrido

pimentão em tiras a gosto

2 folhas de manjericão

½ tablete ou sachê de caldo de legumes orgânico dissolvido em 1 xícara de água quente (opcional)

salsinha picada para servir

1. Num recipiente, coloque a soja e a água fervente; junte o suco e a casca de limão-siciliano, tempere com o sal e deixe de molho por 20 minutos. Escorra bem o excesso de água e tempere com os condimentos. Reserve.

2. Prepare o molho. Tire a casca e pique fino o tomate, pique o alho e corte os cogumelos em lâminas. Leve ao fogo uma frigideira com um fio de azeite e salteie o alho e o tomate, em fogo médio, por cerca de 5 minutos, até ficar bem macio. Junte os cogumelos e deixe cozinhar até murcharem. Misture o milho, algumas tiras de pimentão, o manjericão e a soja. Despeje o caldo de legumes na frigideira; acerte o tempero e deixe cozinhar por cerca de 10 minutos em fogo baixo. Sirva com salsinha picada por cima, acompanhando espaguete integral ou polenta cremosa (p. 166).

NOTA: Esta receita pode ser usada como recheio para lasanhas, empadões ou empadinhas.

O que vou fazer para o jantar? Batata, arroz ou massa? Na verdade, não precisamos centrar as refeições nessas três opções tradicionais. Podemos optar entre vários cereais, grãos e tubérculos para complementar e diversificar as refeições diárias. Alguns, pelo seu alto valor nutricional, são muito mais do que simples acompanhamentos.

Alguns conselhos:

- Opte por cereais integrais, como arroz integral, em lugar dos cereais refinados, pois os primeiros são mais ricos em proteínas, fibras, vitaminas e minerais.

- Todos os cereais e acompanhamentos sugeridos nesta seção podem constituir uma refeição completa se forem misturados com hortaliças e leguminosas (feijão, grão-de-bico, favas, lentilhas etc.) ou oleaginosas (nozes, amêndoas, avelãs, pignoli etc.).

- Estes cereais, apenas cozidos, podem ser adicionados às sopas de legumes (em substituição à batata ou ao macarrão) e utilizados na preparação de empadões, croquetes e hambúrgueres.

- Para reduzir o tempo de cozimento e apurar o sabor dos cereais, você pode refogá-los com um fio de azeite antes de adicionar água e cozinhar.

- Os cereais de grãos inteiros – como o arroz integral, o trigo, a cevada, o centeio em grãos, a espelta ou o kamut – devem ser deixados de molho previamente. Com isso, além de diminuir o tempo de cozimento, os cereais eliminam os fitatos e oxalatos presentes nos grãos integrais e que são inibidores da absorção dos minerais. Os cereais de grãos inteiros também podem ser germinados.

- Usando o mesmo método de cozinhar o bulgur (triguilho) (p. 165), você pode preparar outros cereais, como trigo-sarraceno e amaranto.

- A batata-doce, quando comparada com a batata comum, tem o dobro ou o triplo de alguns dos nutrientes desta. É uma excelente opção, principalmente se assada no forno com a casca.

Cereais e Acompanhamentos

• ENTRADAS E PRATOS PRINCIPAIS •

Arroz integral

⏱ 40 min.
🍽 4-6 porções
🍴 Fácil
⭐ Rico em: proteínas, hidratos de carbono, fibras, magnésio e fósforo

1. Lave o arroz e escorra (caso possível, deixe o arroz de molho por 8 horas).
2. Aqueça uma panela com um fio de azeite. Junte o arroz e refogue por 2 minutos, até começar a dourar. Acrescente o sal e a água. Deixe cozinhar tampado, em fogo baixo, até a água secar (35 a 40 minutos em panela comum; 20 minutos na panela de pressão). Deixe repousar tampado durante 10 minutos depois de desligar o fogo. Você pode enriquecer o arroz com milho, cenoura ralada, uvas-passas e sementes de girassol antes de servir.

1 xícara de arroz integral
azeite a gosto
1 colher (chá) de sal marinho
2½ xícaras de água (2 xícaras bastam caso o arroz seja deixado de molho previamente)

⏱ 20 min.
🍽 4 porções
🍴 Fácil
⭐ Rico em: proteínas, carboidratos, ferro e magnésio

Arroz cremoso com feijão e couve

1 xícara de arroz
1 xícara de feijão-vermelho cozido
1 xícara de couve picada
½ cebola e 1 dente de alho
2 tomates maduros
1 folha de louro
azeite e sal marinho a gosto
2½ xícaras de água

1. Lave o arroz e escorra. Se usar feijão cozido pronto, escorra também o líquido do feijão; se cozinhar o feijão em casa, pode aproveitar a água do cozimento para preparar o arroz. Escalde a couve.
2. Pique a cebola e o alho. Tire a casca do tomate e corte-o em pedaços pequenos.
3. Numa panela com um fio de azeite, refogue o alho e a cebola até esta ficar translúcida e começar a dourar. Junte o tomate e o louro e deixe cozinhar por mais 3 a 5 minutos, até o tomate ficar macio. Adicione o arroz, o feijão, a couve, o sal e a água. Tampe e deixe cozinhar durante cerca de 12 minutos. Sirva bem quente.

Salada de macarrão

 15 min.

 4 porções

 Fácil

 Rico em: proteínas, carboidratos, ferro e magnésio

1. Logo após cozinhar o macarrão, passe-o por água fria e regue com um fio de azeite.
2. Corte a maçã, o abacate e o caqui em pequenos cubos. Corte a salsicha (já cozida) em rodelas finas e os tomates ao meio e pique as azeitonas.
3. Num recipiente de servir, misture os ingredientes anteriores com o feijão e as uvas-passas e tempere com o alho e a pimenta. Adicione o pesto ou a maionese e misture. Polvilhe queijo parmesão vegetal e coentro antes de servir.

2 xícaras de macarrão penne cozido al dente

azeite a gosto

1 maçã

½ abacate

½ caqui de polpa firme

1 salsicha de soja (opcional)

8 tomates-cereja

4 azeitonas pretas

4 colheres (sopa) de feijão-vermelho cozido

2 colheres (sopa) de uvas-passas

½ colher (chá) de alho em pó

pimenta-do-reino a gosto

4 colheres (sopa) de molho pesto ou maionese

queijo parmesão vegetal e coentro picado para servir

- 15 min.
- 4-6 porções
- Muito fácil
- Rico em: fibras, carboidratos e proteínas

Cuscuz multicolorido

1 xícara de cuscuz
1½ xícara de água
¼ de colher (chá) de sal
½ tablete ou sachê de caldo de legumes orgânico (opcional)
1 folha de manjericão
¼ de colher (chá) de cúrcuma
azeite e suco de limão-siciliano a gosto
salsinha e coentro picado para servir

1. Coloque o cuscuz num recipiente com tampa.
2. Ferva a água e dissolva o sal e o caldo de legumes (se não usar, aumente a quantidade de sal).
3. Despeje a água sobre o cuscuz, acrescente o manjericão, o cúrcuma e um fio de azeite e tampe de imediato. Cubra o recipiente com uma toalha para isolar o calor (principalmente no frio) e deixe repousar durante 10 minutos para que o cuscuz absorva completamente a água.
4. Destampe e solte os grãos com um garfo. Regue com um fio de azeite e suco de limão-siciliano. Misture salsinha e coentro picado e adicione os ingredientes da sua preferência, descascados, picados ou fatiados, de acordo com a estação do ano.

AMARELO
2 damascos secos
1 fatia de abacaxi
1 maçã
2 colheres (sopa) de uvas-passas
1 kiwi

VERMELHO
½ xícara de milho em conserva escorrido
4 morangos
½ xícara de amoras

ROSA
2 colheres (sopa) de sementes de romã
8 uvas verdes
½ xícara de rúcula
4 castanhas portuguesas cozidas ou assadas sem casca

VERDE
½ abacate
6 tomates-cereja
4 azeitonas picadas
½ caqui de polpa firme
1 colher (sopa) de pignoli tostados

Quinoa simples

- 20 min.
- 4 porções
- Fácil
- Rico em: ferro, carboidratos, ômega-3 e ômega-6, magnésio e proteínas

1. Lave a quinoa com água morna, mexa bem e escorra; repita esse processo duas ou três vezes (desta forma, removerá a goma que dá o sabor amargo à quinoa).
2. Salteie o alho inteiro e a quinoa num fio de azeite, por 2 minutos, sem parar de mexer, até começar a grudar. Junte a água fervente, o caldo de legumes e sal, mexendo para dissolver o caldo. Tampe e cozinhe em fogo baixo por 10 minutos, até absorver a água. Desligue o fogo, retire o alho e mantenha tampado por mais 5 minutos.
3. Solte os grãos da quinoa com um garfo e coloque num recipiente de servir.

1 xícara de quinoa em grãos
1 dente de alho
azeite a gosto
1 ½ xícara de água fervente
½ tablete ou sachê de caldo de legumes orgânico (opcional)
sal marinho a gosto

- 20 min.
- 4-6 porções
- Fácil
- Rico em: ferro, carboidratos, ômega-3 e ômega-6, magnésio, proteínas e cálcio

Quinoa com shitake

quinoa cozida (ver receita acima)
1 cenoura
1 xícara de cogumelos shitake
½ xícara de tomates-cereja
½ xícara de ervilhas
½ xícara de milho em conserva escorrido
½ colher (chá) de sal marinho
azeite, alho em pó e pimenta--de-caiena a gosto
coentro picado para polvilhar

1. Prepare a quinoa conforme a receita acima.
2. Corte a cenoura em rodelas finas, os cogumelos em pedaços e os tomates em quartos.
3. Leve uma frigideira ao fogo com um fio de azeite e salteie a cenoura durante 2 minutos. Junte as ervilhas, os cogumelos e, quando estes murcharem, o milho e o tomate. Incorpore bem e tempere com o sal, o alho em pó e a pimenta-de-caiena.
4. Misture a quinoa com o refogado de shitake e polvilhe coentro picado. Pode servir como prato quente ou salada fria.

Painço simples

🕐 20 min.

👥 4-6 porções

🍴 Fácil

⭐ Rico em: proteínas, carboidratos, magnésio e vitaminas B e E

1. Lave o painço com água abundante, mexa bem e escorra.
2. Salteie o alho inteiro e o painço num fio de azeite por 1 minuto, até começar a grudar. Junte a água, o manjericão, o caldo de legumes e sal. Deixe cozinhar em fogo baixo por 15 minutos, até a água secar. Desligue o fogo e deixe repousar tampado durante 5 minutos. Destampe, junte um fio de azeite e afofe os grãos com um garfo para que o painço se mantenha solto.

NOTA: O painço pode também ser preparado como purê (cozinhe 1 parte de painço para 3 de água) e usado na preparação de empadões.

1 xícara de painço
1 dente de alho
azeite a gosto
2 xícaras de água
2 folhas de manjericão
½ tablete ou sachê de caldo de legumes orgânico (opcional)
sal marinho a gosto

🕐 20 min.

👥 4-6 porções

🍴 Fácil

⭐ Rico em: cálcio, proteínas, carboidratos, magnésio e vitaminas

Painço com vegetais salteados

painço cozido (ver receita acima)
1 cenoura ralada
1 xícara de buquês de brócolis
1 xícara de buquês de couve-flor
2 colheres (sopa) de shoyu
2 colheres (sopa) de água
½ colher (chá) de alho em pó
azeite e pimenta-de-caiena a gosto
2 colheres (sopa) de uvas-passas
1 colher (sopa) de pignoli tostados

1. Prepare o painço conforme a receita acima.
2. Leve ao fogo uma frigideira com um fio de azeite e salteie a cenoura, os brócolis e a couve-flor em fogo médio a alto durante 3 a 5 minutos. Salpique o shoyu diluído na água, adicione o alho e a pimenta-de-caiena, deixe cozinhar durante mais 2 minutos e desligue o fogo.
3. Num recipiente de servir, misture o painço com os vegetais salteados e junte as uvas-passas e os pignoli.

- 15 min.
- 4-6 porções
- Fácil
- Rico em: fibras, carboidratos, proteínas e vitaminas do complexo B

Bulgur simples

azeite a gosto
1 xícara de bulgur (triguilho)
1 dente de alho
2 xícaras de água
½ tablete ou sachê de caldo de legumes
1 folha de manjericão
sal marinho a gosto

1. Numa panela com um fio de azeite, salteie o bulgur com o alho inteiro por 1 minuto, até dourar. Adicione a água, o caldo de legumes, o manjericão e sal. Tampe e deixe cozinhar durante 10 minutos ou até absorver completamente a água. Desligue o fogo e deixe repousar, tampado, por 5 minutos.

2. Solte os grãos do bulgur com um garfo e retire o alho inteiro e a folha de manjericão. Sirva quente ou frio.

NOTA: Você pode polvilhar salsinha e coentro picado, regar com um fio de azeite e misturar frutas secas e castanhas: uvas-passas, pignoli, bagas de goji e pedacinhos de nozes e damascos.

Tabule de bulgur

- 15 min.
- 4-6 porções
- Fácil
- Rico em: fibras, carboidratos, proteínas e vitaminas C e do complexo B

1. Coloque o bulgur cozido e já frio num recipiente para servir.
2. Pique fino a cebola, o tomate, o pimentão, o pepino e as azeitonas.
3. Coloque todos os ingredientes no recipiente, junte coentro e hortelã e tempere com um fio de azeite, a pimenta e o suco de limão-siciliano. Sirva frio.

2 xícaras de bulgur cozido (receita acima)
½ cebola roxa, 2 tomates, ½ pimentão, ½ pepino e 6 azeitonas
coentro e hortelã picados a gosto
azeite, pimenta-do-reino e suco de limão-siciliano para temperar

Polenta assada

20 min.
6 porções
Fácil
Rico em: hidratos de carbono, proteínas, e vitaminas do complexo B

1. Dissolva a sêmola de milho em 2 xícaras de água.
2. Numa panela, ferva a água restante com um fio de azeite, o sal e o caldo de legumes. Junte a sêmola e mexa bem; acerte o sal. Cozinhe em fogo baixo, mexendo sempre, por 15 minutos ou até a polenta começar a se desgrudar da panela. Junte a margarina e desligue o fogo. Coloque numa assadeira untada, alise e deixe esfriar.
3. Corte a polenta em palitos. Pincele-os com azeite e polvilhe ervas secas a gosto, como tomilho e orégano.
4. Leve ao forno preaquecido a 220 °C por 10 minutos, até dourar, ou salteie numa frigideira com um fio de azeite por 2 minutos, até ganhar uma crosta dourada. Pode ser servida simples ou com molho de tomate.

1 xícara de sêmola de milho
4 xícaras de água
azeite a gosto
½ colher (chá) de sal
1 tablete ou sachê de caldo de legumes orgânico
2 colheres (sopa) de margarina
ervas secas a gosto

NOTA: Para preparar polenta mole, aumente a quantidade de água (1 parte de sêmola para 5 ou 6 de água).

20 min.
2 porções
Fácil
Rico em: hidratos de carbono, cálcio, e vitaminas A e do complexo B

Palitos de batata-doce assados

4 batatas-doces
2 colheres (sopa) de azeite
½ colher (chá) de sal
tomilho e páprica doce a gosto

1. Lave bem as batatas com casca e corte em palitos (ou em rodelas) com a mesma espessura. Incorpore-os numa mistura com o azeite, o sal, o tomilho e a páprica doce.
2. Forre uma assadeira com papel-manteiga e disponha os palitos (ou as rodelas) alinhados e separados.
3. Leve ao forno preaquecido a 220 °C por cerca de 15 minutos ou até a batata-doce ficar dourada e crocante.

SOBREMESAS

Bolos e sobremesas com baixo teor de açúcar e gorduras, sem ovos nem laticínios, muito fáceis de preparar! Sempre procurei receitas assim: rápidas, saudáveis, sustentáveis e deliciosas. Aqui estão, prontas para conquistar qualquer almoço, lanche, jantar ou mesa de festa.

Alguns conselhos:

- Use o mesmo tipo de xícara para medir os ingredientes secos e líquidos (consulte a tabela de equivalências na p. 19).
- Peneire sempre o açúcar, as farinhas, o fermento e o cacau (se usar), para evitar a formação de grumos.
- Nunca é sugerido açúcar branco ou adoçantes sintéticos, por serem prejudiciais à saúde.
- É recomendado o uso de linhaça dourada moída, misturada com água morna, para substituir os ovos e dar liga à massa; é também usado leite vegetal (de soja ou outro) com a mesma finalidade.
- Não se esqueça de untar a fôrma com óleo (ou margarina) e polvilhar com farinha, ou de forrá-la com papel-manteiga. As fôrmas de silicone dispensam esse processo.
- Ligue o forno e regule-o na temperatura indicada quando chegar à metade da receita. Procure seguir o tempo recomendado e verifique o cozimento espetando o centro do bolo com um palito, que deverá sair seco e limpo quando a massa estiver assada.
- Deixe o bolo esfriar antes de desenformar – solte os cantos com a ponta de uma faca, sacuda a fôrma, encoste um prato virado para o topo da fôrma e vire-a ao contrário.
- Inove, recheando o bolo com compotas sem açúcar, fazendo coberturas diferentes e decorando com frutas variadas.
- Quase todas as receitas de bolo podem ser adaptadas para cupcakes e muffins, bastando usar as fôrmas adequadas e reduzir o tempo no forno.
- Procure consumir os bolos e muffins acompanhados por frutas frescas e se deliciar com uma só fatia de bolo ou um muffin de cada vez, se conseguir!

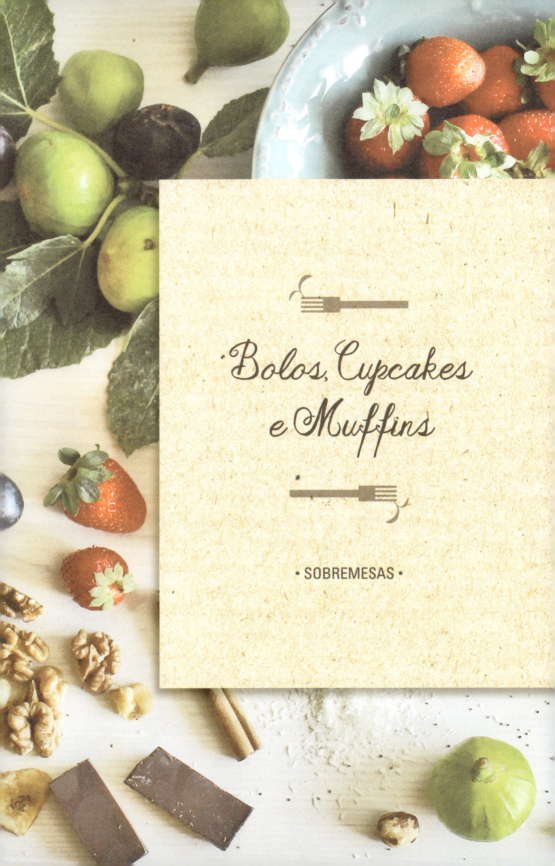

- 45 min.
- 10-20 porções
- Fácil
- Rico em: fibras, hidratos de carbono, cálcio, lipídeos, proteínas, ferro e ômega-6

Bolo de chocolate

MASSA:

1 ½ xícara de farinha de trigo

½ xícara de farinha de trigo integral

1 ½ xícara de açúcar demerara

1 colher (sopa) de linhaça moída

5 colheres (sopa) de cacau ou chocolate em pó

1 colher (sopa) de fermento químico em pó

½ colher (chá) de bicarbonato de sódio

1 ½ xícara de leite de soja

½ xícara de óleo

½ colher (sopa) de suco de limão-siciliano

RECHEIO DE GANACHE:

100 g de chocolate

¼ de xícara de creme vegetal culinário

2 a 4 colheres (sopa) de açúcar

COBERTURA:

3 colheres (sopa) de leite de soja

2 a 4 colheres (sopa) de açúcar demerara

50 g de chocolate

frutas vermelhas e hortelã para decorar

1. Misture num recipiente grande os ingredientes secos devidamente peneirados: as farinhas, o açúcar, a linhaça, o cacau, o fermento e o bicarbonato. À parte, misture o leite, o óleo e o suco de limão-siciliano. Junte a mistura líquida às farinhas, enquanto vai mexendo com um fouet; continue a misturar por 1 minuto, para obter uma massa homogênea. Repita a receita caso pretenda fazer um bolo duplo.

2. Unte a fôrma (ou as fôrmas) e polvilhe farinha. Despeje a massa e leve ao forno preaquecido a 180 °C durante 25 a 30 minutos (verifique o cozimento com um palito). Retire do forno e desenforme depois de esfriar.

3. Prepare o recheio. Pique o chocolate em pedaços. Aqueça o creme e o açúcar em fogo baixo até começar a borbulhar e desligue o fogo. Adicione o chocolate e mexa até derreter e formar um creme aveludado. Deixe esfriar por completo e bata durante 2 minutos com o fouet. Guarde a ganache na geladeira para firmar.

4. Para a cobertura, leve ao fogo o leite de soja com o açúcar até começar a borbulhar; retire e junte o chocolate picado, mexendo até derreter. Use morno.

5. Num prato de servir, coloque o primeiro bolo e espalhe por cima a ganache. Pouse o segundo bolo e cubra-o com o chocolate derretido morno, usando uma espátula ou faca grande. Decore com folhinhas de hortelã e frutas vermelhas (secas em papel-toalha), como morangos, framboesas e mirtilos.

NOTA: Você pode preparar o bolo sem recheio, apenas com cobertura. Se optar pela versão dupla, duplique a receita da massa.

⏱ 45 min.

🍰 8-10 porções

🍴 Fácil

⭐ Rico em: cálcio, carboidratos, fósforo, ferro e vitaminas C e do complexo B

Bolo de morangos e amoras

1 ½ xícara de farinha de trigo

½ xícara de farinha de trigo integral

1 xícara de açúcar demerara

¼ de colher (chá) de canela em pó

1 colher (sopa) de fermento químico em pó

¼ de colher (chá) de bicarbonato de sódio

1 ½ xícara de leite vegetal (de soja, aveia ou arroz)

½ xícara de óleo

1 colher (sopa) de suco de limão-siciliano

raspas de 1 limão-siciliano

1 xícara de morangos picados

½ xícara de amoras frescas

morangos, amoras e hortelã para decorar

COBERTURA DE CREME DE CONFEITEIRO:

2 colheres (sopa) de amido de milho

1 xícara de leite vegetal

2 colheres (sopa) de açúcar

¼ de colher (chá) de essência de baunilha

1 colher (chá) de margarina

1 pau de canela

1 casca de limão-siciliano

1. Misture num recipiente grande os ingredientes secos devidamente peneirados: as farinhas, o açúcar, a canela, o fermento e o bicarbonato. À parte, misture o leite, o óleo e o suco de limão-siciliano. Despeje a mistura líquida no recipiente das farinhas, enquanto mistura com um fouet para incorporar os ingredientes; continue a mexer por cerca de 1 minuto, até obter uma massa homogênea. Junte as raspas de limão-siciliano, os morangos e as amoras; misture delicadamente.

2. Unte uma fôrma com margarina ou óleo e polvilhe farinha. Despeje a massa e leve ao forno preaquecido a 180 ºC durante 30 minutos (verifique o cozimento com um palito). Desenforme só depois de esfriar.

3. Enquanto isso, prepare a cobertura. Dissolva completamente o amido em um pouco de leite frio. Acrescente os ingredientes restantes e cozinhe em fogo baixo, sem parar de mexer, até engrossar.

4. Com uma espátula, espalhe o creme quente sobre o bolo e decore com morangos, amoras e folhinhas de hortelã.

Bolo de maçã caramelizado

40 min.

8-10 porções

Fácil

Rico em: fibras, carboidratos, lipídeos e vitaminas A, E e do complexo B

1. Misture num recipiente grande os ingredientes secos devidamente peneirados: as farinhas, o açúcar, a linhaça, a canela, o fermento e o bicarbonato.

2. Numa tigela, misture o suco de maçã, o óleo e o suco de limão-siciliano. Despeje esta mistura no recipiente das farinhas, batendo com um fouet; mexa durante 1 minuto para incorporar os ingredientes. Junte as raspas de limão-siciliano e misture delicadamente.

3. Descaroce e corte as maçãs com a casca em fatias finas.

4. Unte uma assadeira ou fôrma retangular ou redonda com óleo e farinha. Despeje a massa, cobrindo o fundo. Disponha por cima as fatias de maçã, afundando-as ligeiramente na massa e formando linhas (retas ou circulares, em função da fôrma escolhida).

5. Misture o açúcar mascavo com a canela e polvilhe sobre as fatias de maçã; distribua pequenos pedacinhos de margarina no topo, para caramelizarem.

6. Leve ao forno preaquecido a 180 °C por 25 a 30 minutos (verifique o cozimento com um palito). Sirva cortado aos quadrados, ainda morno ou frio, com creme de confeiteiro (p. 175).

NOTA: Você pode variar a receita usando as frutas que estiverem na época, como pera, ameixa, figo ou pêssego.

1 ½ xícara de farinha de trigo

½ xícara de farinha de trigo integral

1 xícara de açúcar demerara

1 colher (sopa) de linhaça (opcional)

½ colher (chá) de canela em pó

1 colher (sopa) de fermento químico em pó

½ colher (chá) de bicarbonato de sódio

1 ½ xícara de suco natural de maçã (ou leite de soja)

½ xícara de óleo

1 colher (sopa) de suco de limão-siciliano

raspas de 1 limão-siciliano

4 maçãs

1 colher (sopa) de açúcar mascavo e canela em pó a gosto para polvilhar

1 a 2 colheres (sopa) de margarina

Rico em: fibras, lipídeos, proteínas, cálcio, potássio, fósforo, ferro e magnésio

Bolo de banana e nozes

2 bananas bem maduras

1 xícara de leite vegetal

uma pitada de sal

4 a 6 colheres (sopa) de margarina

2 colheres (sopa) de linhaça moída

2 colheres (sopa) de água morna

1 xícara de açúcar demerara

1 ½ xícara de farinha de trigo

½ xícara de farinha de trigo integral

½ colher (chá) de canela em pó

1 colher (sopa) de fermento químico em pó

½ colher (chá) de bicarbonato de sódio

⅓ de xícara de nozes picadas

nozes-pecãs para decorar

1. Coloque no liquidificador as bananas descascadas cortadas em rodelas, o leite, o sal e a margarina. Bata até obter um creme homogêneo.

2. Num recipiente pequeno, misture a linhaça moída com a água até formar uma goma. Adicione esta goma ao preparado das bananas e bata por mais 30 segundos.

3. Transfira o creme de banana para um recipiente grande. Peneire o açúcar, as farinhas, a canela, o fermento e o bicarbonato; misture bem com um fouet entre cada adição. Junte metade das nozes picadas e incorpore.

4. Unte uma fôrma redonda ou retangular e polvilhe farinha. Despeje a massa, dispondo por cima o restante das nozes picadas e algumas nozes-pecãs inteiras.

5. Leve ao forno preaquecido a 180 °C durante cerca de 30 minutos (na fôrma redonda) ou 45 minutos (na fôrma retangular) e verifique o cozimento com um palito. Desenforme só depois de esfriar.

50 min.

8-10 porções

Fácil

Rico em: fibras, lipídeos, proteínas, cálcio, potássio, fósforo, magnésio e zinco

Bolo de amêndoas

1 xícara de amêndoas moídas

1 xícara de farinha de trigo

½ xícara de fubá

1 ¼ xícara de açúcar demerara

uma pitada de sal

½ colher (chá) de canela em pó

1 colher (sopa) de fermento químico em pó

½ colher (chá) de bicarbonato de sódio

1 ½ xícara de leite vegetal (de amêndoas ou outro)

½ xícara de óleo

½ colher (sopa) de suco de limão-siciliano

raspas de 1 limão-siciliano

COBERTURA:

½ xícara de amêndoas em palitos ou em lâminas

2 ou 3 colheres (sopa) de margarina

2 ou 3 colheres (sopa) de açúcar demerara

3 colheres (sopa) de leite vegetal

1. Misture num recipiente grande as amêndoas e os ingredientes secos devidamente peneirados: a farinha, o fubá, o açúcar, o sal, a canela, o fermento e o bicarbonato.

2. À parte, misture o leite, o óleo e o suco e as raspas de limão-siciliano. Despeje no recipiente dos ingredientes secos, batendo com um fouet; mexa durante cerca de 1 minuto, para incorporar os ingredientes.

3. Unte uma fôrma redonda e polvilhe farinha. Despeje a massa e leve ao forno preaquecido a 180 °C por 40 a 45 minutos (verifique o cozimento com um palito no centro do bolo). Desenforme depois de esfriar.

4. Para a cobertura, torre as amêndoas: espalhe-as numa assadeira e coloque-as no forno a 190 °C durante 5 minutos, até dourarem, mas sem queimar. Numa panela pequena, misture as amêndoas torradas, a margarina, o açúcar e o leite; leve ao fogo até engrossar por cerca de 5 minutos, mexendo.

5. Cubra o bolo com as amêndoas e leve à geladeira para a cobertura firmar.

NOTA: Para obter amêndoas moídas, basta triturar amêndoas (com ou sem pele) no processador durante 30 segundos. Você pode substituir o açúcar da cobertura por xarope de agave. Para a versão sem glúten, reduza o fubá pela metade e substitua a farinha de trigo por 1 xícara de coco ralado e ½ xícara de farinha de grão-de-bico; acrescente 1 colher (sopa) de linhaça moída e ½ colher (chá) de goma xantana.

Bolo de coco e cenoura (sem glúten)

- 45 min.
- 8-10 porções
- Fácil
- Rico em: fibras, proteínas, lipídeos, vitaminas A, E e B, caroteno, magnésio e ferro

1. Rale fino as cenouras e reserve.
2. Coloque num recipiente grande os ingredientes secos devidamente peneirados: o fubá, a farinha, o açúcar, o fermento, o bicarbonato e a goma. Junte o coco.
3. Noutro recipiente, misture o leite, o óleo e o suco de limão-siciliano. Despeje a mistura líquida no recipiente dos ingredientes secos, batendo com um fouet; mexa durante 1 minuto, até obter uma massa homogênea. Acrescente a cenoura ralada e misture.
4. Unte uma fôrma e polvilhe farinha. Despeje a massa e leve ao forno preaquecido a 180 °C durante 30 a 35 minutos.
5. Enquanto isso, prepare a calda: leve ao fogo uma panela com o suco de laranja e o açúcar; deixe ferver durante 2 a 3 minutos.
6. Retire o bolo do forno e espete a crosta com um palito. Despeje lentamente a calda quente sobre o bolo quente para que seja absorvida. Polvilhe coco ralado e desenforme depois de esfriar. Sirva o bolo frio.

NOTA: Substitua o fubá e a farinha de arroz por 2 xícaras de farinha de trigo, na versão com glúten.

2 cenouras cruas
1 xícara de fubá
½ xícara de farinha de arroz
1 ½ xícara de açúcar demerara
1 colher (sopa) de fermento químico em pó
½ colher (chá) de bicarbonato de sódio
½ colher (chá) de goma xantana (opcional)
1 xícara de coco ralado
1 ½ xícara de leite vegetal
½ xícara de óleo
½ colher (sopa) de suco de limão-siciliano
coco ralado para polvilhar

CALDA:
suco de 1 laranja
1 colher (sopa) de açúcar demerara

Bolo molhadinho de frutas secas

- ⏱ 45 min.
- 🍽 8 porções
- Fácil
- ⭐ Rico em: fibras, proteínas, lipídeos, vitaminas A, E, B e C, cálcio, ferro e ômega-6

1. Num recipiente grande, bata o açúcar, o sal e o óleo com um fouet; junte o leite e misture.
2. Num recipiente pequeno, misture a linhaça moída na água morna e bata até obter uma goma. Despeje no recipiente grande e incorpore bem.
3. Peneire as farinhas, a canela, o fermento e o bicarbonato, mexendo entre cada adição, até obter uma massa homogênea. Adicione o coco, a cenoura, as uvas-passas, as ameixas, as nozes e as raspas de laranja e misture gentilmente.
4. Unte uma fôrma redonda ou retangular e polvilhe farinha. Despeje a massa e leve ao forno preaquecido a 180 °C durante cerca de 30 minutos.
5. Enquanto isso, prepare a calda de laranja: numa panela pequena, leve ao fogo o suco de laranja e o açúcar mascavo e deixe ferver por 2 ou 3 minutos. Espete o topo do bolo com um palito e despeje a calda quente sobre o bolo quente, para que seja absorvida. Desenforme depois de esfriar. Polvilhe coco ralado e sirva pincelado com agave ou acompanhado de chantili vegetal.

¾ xícara (chá) de açúcar mascavo
uma pitada de sal
½ xícara de óleo
1 ½ xícara de leite vegetal
2 colheres (sopa) de linhaça moída
6 colheres (sopa) de água morna
1 xícara de farinha de trigo
1 xícara de farinha de trigo integral
1 colher (chá) de canela
1 colher (sopa) de fermento químico em pó
½ colher (chá) de bicarbonato de sódio
½ xícara de coco ralado
2 cenouras raladas
⅓ de xícara de uvas-passas
4 ameixas secas picadas
2 colheres (sopa) de nozes picadas
raspas de 1 laranja
coco ralado para polvilhar
xarope de agave ou chantili vegetal para servir

CALDA:
suco de 1 laranja
1 a 2 colheres (sopa) de açúcar mascavo

- 35 min.
- 14 un.
- Fácil
- Rico em: fibras, carboidratos, lipídeos, proteínas, cálcio e vitamina C

Cupcakes de alfarroba e Cupcakes de laranja

CUPCAKES DE ALFARROBA:

1 xícara de farinha de trigo
½ xícara de farinha de trigo integral
1 colher (sopa) de linhaça moída
2 colheres (sopa) de alfarroba em pó
1 xícara de açúcar demerara
uma pitada de sal
½ colher (sopa) de fermento químico em pó
½ colher (chá) de bicarbonato de sódio
1 xícara de leite de soja
½ xícara de óleo
suco e raspas de 1 laranja

CUPCAKES DE LARANJA:

¾ de xícara de açúcar demerara
⅓ de xícara de óleo
1 iogurte de soja natural
suco de 2 laranjas
1 colher (sopa) de linhaça moída
1 xícara de farinha de trigo
½ xícara de fubá
½ colher (sopa) de fermento químico em pó
½ colher (chá) de bicarbonato de sódio
raspas de 1 laranja

GANACHE DE CHOCOLATE:

60 ml de creme vegetal culinário para sobremesas
1 a 2 colheres (sopa) de açúcar demerara
60 g de chocolate meio amargo

PARA OS CUPCAKES DE ALFARROBA:

1. Misture num recipiente grande os ingredientes secos devidamente peneirados. À parte, misture o leite, o óleo, o suco e as raspas de laranja. Junte o líquido às farinhas e misture com um fouet até obter uma massa homogênea.

PARA OS CUPCAKES DE LARANJA:

1. Misture o açúcar e o óleo. Junte o iogurte e o suco de laranja; mexa bem. Adicione a linhaça, a farinha e o fubá peneirados, o fermento e o bicarbonato, misturando entre cada adição. Acrescente as raspas de laranja.

2. Encha fôrmas de cupcakes até ²/₃ da capacidade e leve ao forno preaquecido a 180 °C por 15 a 20 minutos. Retire do forno, desenforme e deixe esfriar.

3. Prepare a ganache. Aqueça o creme em fogo baixo com o açúcar até borbulhar; fora do fogo, junte o chocolate em pedaços e mexa até derreter. Leve à geladeira para esfriar. Bata com um fouet para ficar firme, coloque num saco de confeitar e decore os cupcakes.

Muffins de mirtilos e framboesas com linhaça

  35 min.

  14 un.

Fácil

Rico em: lipídeos, carboidratos, ácido fólico, zinco e vitamina C

1. Misture os ingredientes secos num recipiente: as farinhas e o açúcar peneirados, a linhaça, o gérmen de trigo, a linhaça, o fermento e o bicarbonato. À parte, misture o leite, o óleo, o suco de limão-siciliano e as raspas de limão-siciliano. Despeje lentamente a mistura líquida no recipiente das farinhas, enquanto mexe com um fouet para incorporar os ingredientes. Junte na massa mais de metade dos mirtilos e das framboesas e misture gentilmente.

2. Forre fôrmas de muffins com forminhas de papel. Encha-as de massa até ²/₃ da capacidade e distribua por cima alguns dos mirtilos e das framboesas que sobraram.

5. Leve ao forno preaquecido a 180 °C por cerca de 15 a 20 minutos. Retire do forno e deixe esfriar sobre uma grade de metal.

1 xícara de farinha de trigo
½ xícara de farinha integral
⅔ de xícara de açúcar demerara
1 colher (sopa) de linhaça moída
1 colher (sopa) de gérmen de trigo (opcional)
1 a 2 colheres (sopa) de linhaça
½ colher (sopa) de fermento químico em pó
¼ de colher (chá) de bicarbonato de sódio
1 xícara de leite vegetal
⅓ de xícara de óleo
½ colher (chá) de suco de limão-siciliano
raspas de ½ limão-siciliano
125 g de mirtilos e framboesas frescos

35 min.

 14 un.

 Fácil

★ **Rico em:** fósforo, carboidratos, zinco, vitamina C, lipídeos, magnésio e ferro

Muffins de banana e chocolate

2 bananas bem maduras

1 xícara de leite vegetal

uma pitada de sal

6 colheres (sopa) de margarina

2 colheres (sopa) de linhaça moída

2 colheres (sopa) de água morna

¾ de xícara de açúcar demerara

1 xícara de farinha de trigo

½ xícara de farinha de trigo integral

½ colher (chá) de canela em pó

1 colher (sopa) de fermento químico em pó

¼ de colher (chá) de bicarbonato de sódio

50 g de chocolate meio amargo

1. Siga o preparo da receita do bolo de banana (p. 179) até o passo 3 (sem adicionar as nozes).

2. Pique o chocolate em pedacinhos com uma faca serrilhada; junte à massa e incorpore gentilmente.

3. Forre fôrmas de muffins com forminhas de papel e encha até ²/₃ da capacidade com a massa.

4. Leve ao forno preaquecido a 180 °C por 15 a 20 minutos. Retire do forno e deixe esfriar sobre uma grade de metal.

Deliciar-se com um doce saudável no café da manhã ou no lanche sem a sensação de culpa? E repetir, se desejar? Sim, é possível! A maioria destas sobremesas não têm adição de açúcar, sendo adoçadas com o açúcar natural presente em frutas ou em geleias naturais. Além disso, fornecem vitaminas, minerais e antioxidantes importantes. Uma forma deliciosa de garantir os nutrientes de que necessitamos.

Alguns conselhos:

- Nunca desperdice bananas maduras demais ou frutas não tão firmes, como figos, morangos, framboesas, cerejas ou damascos. Guarde-as (inteiras ou fatiadas) em sacos de congelamento para usar mais tarde em crumbles, tortas, vitaminas e sorvetes.

- Você pode preparar caldas de fruta (com morangos, framboesas, ameixas ou outra fruta suculenta) para enriquecer e acompanhar as sobremesas. Basta levar ao fogo a fruta fatiada com um pouco de água e deixar ferver lentamente até engrossar. Você pode adoçar, se achar necessário, com geleia natural ou com xarope de agave. Triture e guarde na geladeira.

- Use a alga ágar-ágar em pó ou em flocos sempre que precisar dar consistência a pudins, mousses ou recheios de tortas. Você deve fervê-la durante 5 minutos diluída em líquido (água, suco ou leite), antes de ser adicionada ao preparado da receita. Pode ser triturada.

- Evite deixar as oleaginosas (amêndoas e nozes), as sementes trituradas (como a linhaça) e o coco ralado em ambientes quentes, pois ficam rançosas com facilidade e, assim, seu sabor e suas propriedades nutricionais se alteram.

- Sempre que possível, opte por triturar as oleaginosas e as sementes em casa usando um processador. Além de ser rápido (demora apenas 1 minuto), é mais saudável e econômico.

- Reinvente as sobremesas com os ingredientes disponíveis em casa.

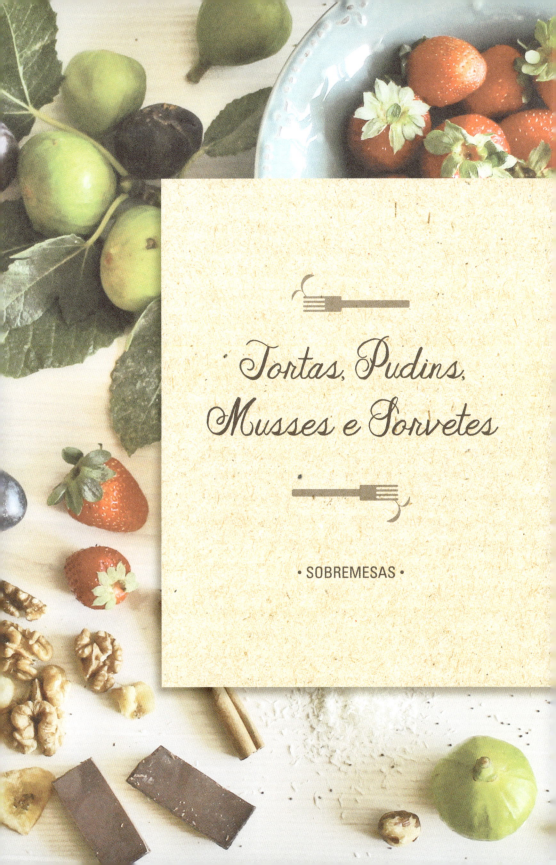

Cheesecake de limão-siciliano e cerejas

- 15 min.
- 6 porções
- Médio
- Rico em: lipídeos, fibras, vitaminas C, A e do complexo B, cálcio e ferro

1. Prepare a base. Triture os biscoitos integrais, reduzindo-os a pó. Triture as tâmaras com o coco até formar uma pasta. Misture tudo no processador ou num recipiente, acrescentando a canela em pó, as raspas de limão-siciliano e a água. Despeje a mistura numa fôrma de 20 cm de diâmetro e fundo removível e forre o fundo, pressionando para que fique compacta. Guarde na geladeira.

2. Para o recheio, bata o creme com um fouet até ficar firme. Adicione algumas gotas de suco de limão-siciliano e as raspas de limão-siciliano.

3. Numa panela pequena, misture o suco de limão-siciliano restante com a água, o açúcar e o ágar-ágar e deixe ferver em fogo baixo durante 5 minutos. Retire do fogo e misture o iogurte. Despeje em seguida no recipiente do creme batido e incorpore gentilmente com um fouet.

4. Despeje na fôrma, sobre a base, e alise o topo. Leve à geladeira para firmar por pelo menos 4 horas. Desenforme com cuidado antes de servir.

5. Para a cobertura, leve ao fogo a geleia de cerejas com algumas cerejas sem caroço cortadas ao meio e deixe ferver durante 1 ou 2 minutos em fogo baixo. Decore o topo com o doce, cerejas inteiras e folhinhas de hortelã.

NOTA: Se preferir uma base mais simples, triture os biscoitos e misture com margarina amolecida e canela a gosto.

BASE:
12 biscoitos integrais sem açúcar
12 tâmaras
2 colheres (sopa) de coco ralado
½ colher (chá) de canela em pó
raspas de ½ limão-siciliano
4 colheres (sopa) de água

RECHEIO:
1 caixinha de creme vegetal culinário para sobremesas
suco e raspas de 1 limão-siciliano
10 colheres (sopa) de água
8 colheres (sopa) de açúcar demerara
3 colheres (sopa) de ágar-ágar em flocos
1 iogurte de soja natural

COBERTURA:
3 colheres (sopa) de geleia de cerejas
cerejas frescas ou congeladas a gosto
hortelã para decorar

25 min.

 6-8 porções

 Médio

Rico em: lipídeos, carboidratos, fibras, proteínas, cálcio, ferro e magnésio

Torta cremosa de chocolate e mirtilos

BASE:

4 colheres (sopa) de margarina em temperatura ambiente

2 a 4 colheres (sopa) de açúcar demerara

½ colher (chá) de canela em pó

½ xícara de farinha de trigo

½ xícara de farinha de trigo integral

2 colheres (sopa) de água fria

uma pitada de sal

RECHEIO:

200 ml de creme vegetal culinário para sobremesas

2 a 4 colheres (sopa) de açúcar demerara

1 colher (chá) de suco de limão-siciliano

150 g de chocolate meio amargo

4 colheres (sopa) de leite de soja

xarope de agave, mirtilos frescos e hortelã para decorar

1. Prepare a base. Num recipiente, bata a margarina com o açúcar e a canela. Junte as farinhas, a água e o sal, formando uma bola que se solte do recipiente. Deixe repousar durante 10 minutos na geladeira.

2. Estenda a massa com o rolo sobre uma folha de papel-manteiga e transfira com cuidado para uma fôrma de fundo removível; ajuste bem os lados e faça furos no fundo com um garfo. Leve ao forno preaquecido a 180 °C durante cerca de 15 minutos. Retire e reserve.

3. Enquanto isso, prepare o recheio. Bata o creme com o açúcar e o suco de limão-siciliano até ficar firme.

4. Numa panela pequena, leve ao fogo o chocolate picado com o leite de soja, em fogo muito baixo, sem parar de mexer e sem deixar ferver, até derreter por completo. Deixe esfriar um pouco e despeje no recipiente do creme batido, incorporando gentilmente com um fouet.

5. Despeje na fôrma, sobre a base, e alise o topo. Leve à geladeira por pelo menos 4 horas para firmar. Desenforme antes de servir e decore com xarope de agave, mirtilos frescos e folhinhas de hortelã.

- 1h
- 6-8 porções
- Difícil
- Rico em: fibras, vitaminas C, A e do complexo B, cálcio e ferro

Torta de maçã (sem açúcar)

BASE:

1 xícara de farinha de trigo

½ xícara de farinha de trigo integral

½ a 1 colher (chá) de canela em pó

uma pitada de sal

½ xícara de suco natural de maçã

5 colheres (sopa) de óleo

2 colheres (sopa) de xarope de agave (ou açúcar demerara)

RECHEIO:

1,5 kg de maçãs doces e maduras

1 colher (sopa) de ágar-ágar em pó

4 colheres (sopa) de xarope de agave

raspas de 1 limão-siciliano

canela em pó a gosto

COBERTURA:

½ colher (sopa) de ágar-ágar em pó

½ xícara de suco de maçã natural

3 colheres (sopa) de xarope de agave

morangos para decorar

1. Prepare a base. Num recipiente, misture as farinhas, a canela e o sal (e o açúcar, se usar). À parte, misture o suco de maçã, o óleo e o agave. Despeje no recipiente das farinhas e mexa rapidamente todos os ingredientes, formando uma bola que se solte do fundo – se precisar, ajuste a farinha ou o líquido. Deixe repousar durante 15 minutos na geladeira.

2. Descasque as maçãs e corte-as em fatias finas. Cozinhe com 2 colheres (sopa) de água numa panela tampada, em fogo baixo, durante 10 a 15 minutos, até a maçã ficar macia; junte o ágar-ágar e deixe ferver por 3 minutos. Apague o fogo e misture o agave.

3. Estenda a massa com o rolo numa superfície enfarinhada ou sobre uma folha de papel-manteiga. Transfira-a para uma fôrma de fundo removível; faça furinhos no fundo com um garfo e apare as bordas. Leve ao forno preaquecido a 180 °C durante cerca de 10 minutos.

4. Retire do forno, encha com o recheio de maçã e polvilhe as raspas de limão-siciliano e canela. Leve de novo ao forno por 15 a 20 minutos.

5. Enquanto isso, prepare a cobertura: numa panela pequena, ferva a alga ágar-ágar com o suco de maçã por cerca de 5 minutos. Retire do fogo e misture o agave.

6. Depois que a torta esfriar, disponha alguns morangos cortados no topo e despeje a mistura gelatinosa ainda morna. Leve à geladeira e sirva a torta bem fresca.

Tortinhas folhadas de manga e pera (sem açúcar)

 30 min.

 12 un.

 Fácil

 Rico em: carboidratos, lipídeos, fibras, cálcio e caroteno

1. Prepare a massa folhada conforme os passos 1 e 2 da página 75.

2. Desenrole a massa folhada sobre o papel-manteiga. Com a ponta de uma faca ou com um cortador de pizza, corte 12 retângulos com aproximadamente 8 x 10 cm. Transfira-os para uma assadeira forrada com papel-manteiga e faça furinhos na massa com um garfo.

3. Descasque a manga e as peras e corte-as em fatias finas e pequenas (que não excedam 6 cm de comprimento). Coloque os pedacinhos de manga e pera no centro de cada retângulo, deixando uma borda de 1 cm em toda a volta. Despeje um pouco de agave no centro de cada torta e polvilhe a canela e as raspas de limão-siciliano. Umedeça as bordas da massa pincelando com água ou use a ponta dos dedos umedecidos.

4. Leve ao forno preaquecido a 200 °C durante cerca de 15 minutos ou até que o recheio borbulhe e a massa fique dourada. Deixe esfriar em cima de uma grade de metal.

NOTA: Experimente com outras frutas da época, maduras e suculentas, como maçã, pêssegos ou figos.

1 receita de massa folhada (p. 75)
1 manga madura e firme
2 peras maduras
2 colheres (sopa) de xarope de agave
canela em pó a gosto
raspas de 1 limão-siciliano pequeno

- 25 min.
- 20 un.
- Fácil
- Rico em: carboidratos, lipídeos, cálcio, potássio, ferro e ômega-6

Palmiers de amêndoas
(sem açúcar)

1 receita de massa folhada (p. 75)

5 colheres (sopa) de xarope de agave

½ xícara (chá) de farinha de amêndoa

canela em pó para servir

1. Prepare a massa folhada conforme os passos 1 e 2 da página 75.

2. Estenda a massa folhada sobre o papel-manteiga. Abra um pouco com o rolo para que fique mais fina (cuidado para não rompê-la).

3. Com um pincel, espalhe 4 colheres (sopa) de agave por toda a superfície da massa e polvilhe a farinha de amêndoa e a canela em pó.

4. Enrole uma das extremidades até o meio da massa; faça o mesmo na outra ponta até ambos os lados se unirem ao meio, formando um rolo. Gire o rolo e, com uma faca afiada, corte fatias finas com 1 cm de espessura. Disponha as fatias numa assadeira forrada com papel-manteiga e achate-as ligeiramente com a palma da mão. Pincele as fatias com o agave restante.

5. Leve ao forno preaquecido a 190 °C durante 10 a 15 minutos ou até os palmiers dourarem. Deixe esfriar em cima de uma grelha. Polvilhe canela antes de servir.

Crumble de maçã e frutas vermelhas

 30 min.

 6 porções

 Fácil

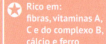 Rico em: fibras, vitaminas A, C e do complexo B, cálcio e ferro

1. Corte as maçãs em pequenos cubos e coloque no fundo de uma assadeira ou distribua em tigelas individuais. Junte as frutas vermelhas e polvilhe o açúcar e a canela.
2. À parte, no processador ou com a ponta dos dedos, misture a farinha com a margarina até obter uma farofa grossa; junte os flocos de aveia, a canela, o açúcar e o coco e misture bem. Espalhe por cima da fruta.
3. Leve ao forno preaquecido a 200 °C por cerca de 20 minutos ou até o crumble dourar. Sirva morno com chantili vegetal.

NOTA: Varie combinando frutas diferentes, como banana, pêssegos ou figos frescos. Você pode adicionar também uma pitada de noz-moscada ou gengibre em pó.

BASE:

6 maçãs
1 xícara de frutas vermelhas
2 colheres (sopa) de açúcar mascavo (opcional)
½ colher (chá) de canela em pó

CRUMBLE:

½ xícara de farinha de trigo
6 colheres (sopa) de margarina
½ xícara de flocos de aveia finos
1 colher (chá) de canela em pó
4 colheres (sopa) de açúcar mascavo
2 colheres (sopa) de coco ralado ou nozes picadas
chantili vegetal para servir

Pudim de frutas (sem açúcar)

- 20 min.
- 8-10 porções
- Fácil
- Rico em: fibras, vitaminas C, A e do complexo B, cálcio e ferro

1. Descasque as maçãs e corte-as em fatias finas. Coloque-as com as 2 colheres (sopa) de água numa panela tampada e deixe cozinhar em fogo baixo durante 10 a 15 minutos ou até a maçã ficar macia. Junte os morangos, o restante da água, o sal e o ágar-ágar e deixe ferver por 3 a 5 minutos, mexendo para não grudar. Desligue o fogo e misture 4 colheres (sopa) de agave e as raspas de limão-siciliano. Bata com um fouet até obter um creme aveludado.

2. Umedeça uma fôrma de pudim (ou taças individuais) com água e espalhe no fundo o agave restante. Despeje o creme de maçã quente na fôrma e deixe esfriar. Leve à geladeira por pelo menos 4 horas para firmar. Desenforme na hora de servir e decore com frutas frescas e geleia.

1,5 kg de maçãs doces e maduras

2 colheres (sopa) e mais 1 xícara de água

6 morangos, 2 kiwis ou ½ manga

1 pedra de sal marinho

3 colheres (sopa) de ágar-ágar em flocos

6 colheres (sopa) de xarope de agave

raspas de 1 limão-siciliano pequeno

frutas frescas e geleia para decorar

Ideal para reforçar o consumo de frutas, não oxida, tem uma textura macia e um sabor suave e refrescante!

Creme de amêndoas e leite

⏲ 20 min.
🍽 4 porções
🍴 Fácil
⭐ Rico em: cálcio, carboidratos, potássio, magnésio, zinco e ferro

1. Dissolva bem o amido num pouco de leite frio. Junte o leite restante, o açúcar, a canela e a casca de limão-siciliano e cozinhe em fogo baixo, sem parar de mexer, durante cerca de 10 minutos, até engrossar. Retire o pau de canela e a casca de limão-siciliano.

2. Despeje ainda quente em taças individuais, distribua a amêndoa por cima e polvilhe canela.

Nota: Para tostar as amêndoas, coloque-as numa frigideira sem gordura em fogo baixo, mexendo de vez em quando, ou no forno preaquecido a 190 °C durante 5 minutos.

4 colheres (sopa) de amido de milho
2 xícaras de leite vegetal
2 ou 3 colheres (sopa) de açúcar mascavo
1 pau de canela
casca de ½ limão-siciliano
amêndoas picadas e tostadas e canela em pó para servir

⏲ 20 min.
🍽 8-10 porções
🍴 Fácil
⭐ Rico em: lipídeos, carboidratos, fibras, proteínas, cálcio, potássio e ferro

Manjar de coco

8 colheres (sopa) de amido de milho
3¼ xícaras de leite de soja
1 vidro (200 ml) de leite de coco
4 colheres (sopa) de açúcar demerara
1 xícara de coco ralado
1 pau de canela
1 casca de limão-siciliano

CALDA:
10 ameixas secas sem caroço
⅔ de xícara de água
1 colher (sopa) de açúcar demerara
1 pau de canela

1. Dissolva o amido num pouco do leite de soja frio e leve ao fogo com os ingredientes restantes. Cozinhe, em fogo baixo, sem parar de mexer, durante cerca de 10 minutos, até engrossar. Retire o pau de canela e a casca de limão-siciliano e despeje ainda quente em tigelas individuais previamente umedecidas com água. Leve à geladeira por 4 horas.

2. Para fazer a calda, leve ao fogo as ameixas, a água, o açúcar e a canela. Ferva por cerca de 4 minutos. Desenforme os manjares e cubra-os com a calda de ameixas.

Nota: Se usar uma fôrma grande de pudim, acrescente 1 colher (sopa) de ágar-ágar quando for misturar os ingredientes e cozinhar.

Excelente opção para o café da manhã ou o lanche da tarde.

4 porções
 Muito fácil
 Rico em: fibras, proteínas, vitaminas A e E, potássio, ferro e magnésio

Creme de aveia (cru e sem açúcar)

1 xícara de flocos de aveia
2 a 4 tâmaras
1 banana
1 maçã
½ colher (chá) de canela em pó
morangos frescos, kiwi
e canela para servir

1. Deixe a aveia e as tâmaras de molho por 2 horas (ou até 8 horas na geladeira) e escorra bem a água.

2. Coloque no liquidificador a aveia escorrida, as tâmaras sem caroço, a banana, a maçã e a canela e bata até obter um creme aveludado. Sirva em tacinhas com morangos frescos e kiwi (ou outra fruta a gosto), polvilhado com canela.

Creme de chia com alfarroba (cru e sem açúcar)

 5 min.

4 porções

Muito fácil

Rico em: fibras, proteínas, cálcio, potássio, magnésio, ferro e ômega-3

1. Coloque todos os ingredientes no liquidificador e bata até obter uma consistência cremosa. Prove e adoce a gosto. Pode ser consumido de imediato ou levado à geladeira para firmar. Sirva com mirtilos ou frutas vermelhas e raspas de chocolate meio amargo.

1 xícara de leite vegetal
1 colher (sopa) de alfarroba
ou cacau em pó
3 colheres (sopa) de chia
½ colher (chá) de canela em pó
1 banana madura
1 pedra de sal marinho
1 colher (sopa) de xarope
de agave
mirtilos ou frutas vermelhas
e raspas de chocolate meio
amargo para servir

Musse de chocolate com abacate

 5 min.

2 porções

Muito fácil

Rico em: fibras, cálcio, magnésio, ferro e ômega-3

1. Abra o abacate no sentido longitudinal, retire o caroço e tire a polpa com uma colher. Esmague ou bata a polpa no liquidificador até formar em creme.
2. Numa panela, ferva o leite e o açúcar. Tire do fogo, acrescente o chocolate e mexa até derreter por completo. Adicione o abacate e a baunilha (se utilizar) e misture bem com um fouet.
3. Despeje em taças individuais e leve à geladeira. Sirva decorada com framboesa e folhinhas de hortelã.

1 abacate bem maduro
4 colheres (sopa) de leite vegetal
1 colher (sopa) de açúcar demerara
40 g de chocolate meio amargo
2 gotas de essência de baunilha (opcional)
framboesas e hortelã para servir

10 min.

4 porções

Fácil

Rico em: lipídeos, fibras e vitaminas A, C, E e do complexo B

Musse de manga

1 manga madura

⅓ de pacote de creme vegetal culinário
para sobremesas

1 a 2 colheres (sopa) de açúcar demerara

½ colher (chá) de suco de limão-siciliano

½ colher (sopa) de ágar-ágar em pó

3 colheres (sopa) de água

1. Bata a polpa e o suco da manga no liquidificador até obter um creme aveludado.
2. Bata o creme com o açúcar e o suco de limão-siciliano, com um fouet, até ficar firme.
3. Numa panela pequena, leve ao fogo o ágar-ágar e a água. Deixe ferver durante 5 minutos, em fogo baixo, sem parar de mexer. Misture imediatamente ao creme de manga e incorpore o creme vegetal batido.
4. Despeje em taças individuais e leve à geladeira até servir.

Sorvete de banana e morangos (sem açúcar)

 10 min.
 2 porções
 Fácil

Rico em: potássio, fósforo, magnésio, cálcio e vitaminas A e C

1. Deixe os morangos e as bananas cortadas em rodelas no congelador por 2 a 4 horas. Coloque o leite de coco na geladeira para que ele se separe.

2. Bata as bananas e os morangos congelados no liquidificador até obter um creme (se necessário, vá raspando as paredes do copo e volte a bater). Junte o leite de coco (de preferência, apenas a parte mais espessa) e o agave e bata até ficar aveludado. Pode ser consumido de imediato ou ser levado ao congelador por 1 a 2 horas e servido como sorvete, em bolas, acompanhado pela calda de morangos.

3. Para fazer a calda, leve ao fogo os morangos laminados, a água e o agave. Ferva durante 4 minutos e bata.

6 morangos
2 bananas
2 colheres (sopa) de leite de coco
1 colher (sopa) de xarope de agave

CALDA:

4 morangos
6 colheres (sopa) de água
1 colher (sopa) de xarope de agave

5 min.
2 porções
Fácil

Rico em: cálcio, potássio, fósforo, magnésio, ferro e vitaminas E e do complexo B

Sorvete de banana e chocolate (sem açúcar)

2 bananas

2 colheres (sopa) de leite de coco ou de iogurte de soja natural

2 colheres (sopa) de cacau em pó

nozes picadas e raspas de chocolate para servir

1. Congele as bananas cortadas em rodelas por pelo menos 2 horas. Deixe o leite de coco na geladeira para que ele se separe.

2. Bata no liquidificador as bananas congeladas até começarem a ficar cremosas. Junte o leite de coco (de preferência, apenas a parte mais espessa) e o cacau e bata de novo. Consuma de imediato ou leve ao congelador por 1 a 2 horas. Sirva com nozes picadas e raspas de chocolate.

NOTA: Se guardar o sorvete para servir mais tarde, guarde-o no congelador e bata-o após 30 minutos, repetindo esse procedimento duas ou três vezes, para evitar que se formem muitos cristais de gelo.

As bananas bem maduras são ideais para preparar estes deliciosos e saudáveis sorvetes de fruta.

Índice de receitas

Almôndegas de aveia e cogumelos › 102-103
Almôndegas de seitan › 104-105
Arroz cremoso com feijão e couve › 154-155
Arroz integral › 154-155
Assado de seitan com castanhas portuguesas › 136-137
Berinjelas recheadas com cogumelos › 112-113
Bifes de seitan › 130-131
Bifinhos de seitan com creme › 132-133
Bolinhas de nozes › 100-101
Bolinhos de tofu › 142-143
Bolo de amêndoas › 180-181
Bolo de banana e nozes › 178-179
Bolo de chocolate › 172-173
Bolo de coco e cenoura › 182-183
Bolo de maçã caramelizado › 176-177
Bolo de morangos e amoras › 174-175
Bolo molhadinho de frutas secas › 184-185
Bolonhesa de soja › 150-151
Bulgur simples › 164-165
Calzone agridoce › 66-67
Chapati integral › 60-61
Cheesecake de limão-siciliano e cerejas › 192-193
Chutney de maçã e ameixas › 53
Creme de amêndoas e leite › 204-205
Creme de aveia › 206-207
Creme de chia com alfarroba › 206-207
Croquetes de okara › 98-99
Croquetes de tofu e quinoa › 96-97
Crumble de maçã e frutas vermelhas › 200-201
Cupcakes de alfarroba › 186-187
Cupcakes de laranja › 186-187
Curry de lentilhas com vegetais › 124-125
Cuscuz multicolorido › 158-159
Empadas de tofu com nozes e pignoli › 84-85
Empanadas de seitan › 86-87
Empanadinhos de seitan › 130-131
Espetinhos mistos › 148

Estrogonofe de seitan › 132-133
Feijão-preto com shitake › 122-123
Feijoada vegana com cogumelos › 120-121
Filés de tofu › 142-143
Focaccia de milho com azeitonas e tomate seco › 58-59
Folhados de seitan › 74-75
Grão-de-bico salteado com alho-poró e alecrim › 119
Gratinado de seitan com vegetais › 134-135
Guacamole › 47
Hambúrguer de feijão e cogumelos › 92-93
Hambúrguer de grão-de-bico e batata-doce › 90-91
Hambúrguer de arroz integral › 94-95
Homus de grão-de-bico e abobrinha › 46
Leite de amêndoas e avelãs › 24-25
Leite de arroz › 26-27
Leite de aveia › 24-25
Leite de coco › 26-27
Leite de soja › 28-29
Maionese de castanhas › 44-45
Maionese tradicional › 44-45
Manjar de coco › 204-205
Massa integral de pizza › 65
Massa integral (para quiches e empadas) › 78-79
Massa sem glúten (para quiches) › 78-79
Molho de coco e curry › 52
Molho de iogurte › 48-49
Molho de tomate à italiana › 50-51
Molho de tomate picante › 50-51
Molho pesto › 48-49
Moqueca de tofu › 146-147
Muffins de banana e chocolate › 189
Muffins de mirtilos e framboesas com linhaça › 188
Musse de chocolate com abacate › 208-209
Musse de manga › 208-209
Pãezinhos de cereais › 56-57
Painço com vegetais salteados › 162-163
Painço simples › 162-163
Palitos de batata-doce assados › 166-167

Palmiers de amêndoas › 199
Panquecas de banana › 68-69
Panquecas de espinafre › 68-69
Pasta de amêndoas › 40-41
Pasta de gergelim (tahine) › 40-41
Pasta de tofu com tomate e ervas › 34
Pizza mediterrânea › 64-65
Polenta assada › 166-167
Pudim de frutas › 202-203
Queijo de amêndoas e avelãs com pimenta › 38-39
Queijo tipo mozarela › 36-37
Queijo tipo parmesão › 35
Quiche de abobrinha e tomate › 82-83
Quiche de espinafre e cogumelos › 80-81
Quinoa com shitake › 160-161
Quinoa simples › 160
Rolinhos de abobrinha com homus › 110-111
Salada crudívora de beterraba › 108-109
Salada de feijão-fradinho com tomates-cereja › 116-117
Salada de grão-de-bico com abacate e uvas › 118
Salada de macarrão › 156-157
Salada verde com maçã e manga › 108-109
Seitan caseiro › 128-129
Shimeji com beldroega › 114-115
Sorvete de banana e chocolate › 210-211
Sorvete de banana e morangos › 210-211
Strudel de vegetais › 76-77
Tabule de bulgur › 164-165
Tempeh com alga › 149
Tofu caseiro › 138-139
Tofu com dois molhos › 140-141
Tofu cremoso e de corte › 32-33
Tofu em crosta de broa de milho › 144-145
Torta cremosa de chocolate e mirtilos › 194-195
Torta de maçã › 196-197
Tortinhas folhadas de manga e pera › 198
Vitaminas de frutas › 30-31
Wraps › 62-63

Compartilhe a sua opinião
sobre este livro usando a hashtag /EditoraAlaude
#CozinhaVegana /EditoraAlaude
nas nossas redes sociais: